Éditions Delga, 38 rue Dunois, 75 013 Paris
editionsdelga@yahoo.fr Tél. : 07 81 77 82 96
www.editionsdelga.fr

Arno Münster

Ernst Bloch et les XI Thèses de Marx sur Feuerbach

(cinq conférences)

NICE, janvier 2018

Mes remerciements à Camille

EN HOMMAGE A KARL MARX
POUR LE BICENTENAIRE
DE SA NAISSANCE

Avec un salut fraternel à MICHAEL LÖWY
pour son 80e anniversaire.

I

Les étapes de la genèse d'une pensée utopico-marxiste

Ernst Bloch (1885-1977) est incontestablement le grand penseur néo-marxiste allemand du XXe siècle dont le nom est inscrit dans l'histoire de la philosophie moderne et contemporaine comme celui d'un rénovateur de la pensée critique et du marxisme qui a énormément enrichi la pensée critique contemporaine, notamment avec sa grande trilogie *Le Principe Espérance*, une œuvre monumentale qui a le mérite d'avoir établi d'une façon extrêmement originelle un *inventaire des pensées et contenus utopiques* et d'avoir formulé aussi une philosophie du *préapparaître utopique*, de *l'utopie concrète* et de la *praxis* qui a été esquissée dans l'intention d'opposer au marxisme vulgaire et à un marxisme-léninisme dogmatisé une pensée marxiste critique plus vivante, inspirée certes de Marx et de Hegel, mais non pas seulement de Marx, dans l'horizon précisément d'une « utopisation du monde » et de la transformation du monde en un *chantier d'expérimentations pour l'imagination utopico-concrète.* En ce sens précis, Ernst Bloch est bien, comme le souligne, entre autres, Oskar Negt, « l'hérétique le plus productif » du marxisme du XXe siècle, un penseur qui « dérange » et « incommode » en effet tous ceux qui, au nom du pragmatisme ou de la légitimation d'un ordre bureaucratico-totalitaire fermé, détestent les utopies, en accusant de « révisionnisme » tous ceux qui prônent un autre courant dans le marxisme, à savoir un « courant chaud », s'opposant au « courant froid », voulant réduire la pensée de Marx à la seule critique matérialiste de l'économie politique, en excluant totalement la dimension morale et toute métaphysique de l'espérance. Comme le souligne à juste titre le très regretté André Tosel, Ernst Bloch, ce « penseur pour gros temps »,

> « appartient à la lignée des hérétiques de l'orthodoxie du marxisme de la Troisième Internationale qui ne se sont pas couchés dans le lit que le matérialisme dialectique et historique de stalinienne mémoire avait préparé pour les intellectuels de parti appelés à faire le sacrifice de leur entendement pour défendre une révolution vite congelée et déviée en son contraire. Il est le frère (parfois ennemi) de Lukács, de Benjamin, de Korsch, de Brecht, il est le contemporain d'*Antonio Gramsci*, et comme eux, il maintient sa foi en l'idée communiste, en luttant inlassablement sur deux fronts [...]. La grandeur de Bloch est celle de ces *marxistes hérétiques du XXe siècle* qui ont sauvé l'honneur de la pensée libre au sein d'un marxisme d'État réincarnation imprévue en plein âge moderne de l'autorité théologico-politique. Ces philosophes communistes vivent la solitude des grands vaincus de l'histoire, puisque communistes, ils eurent à subir la défaite de leur parti et de leur camp, le communisme historique du XXe siècle, et, philosophes, ils ne purent empêcher la défaite de leur cause, celle du réformateur de l'entendement communiste à l'intérieur de son propre camp. [...] Il [Bloch] nous fait assister à la genèse et à l'épanouissement *symphonique* d'une pensée qui anticipe le *Novum* non advenu, la possibilité réelle réimprimée, la tendance du meilleur en souffrance, la matérialité de l'être de l'humain en attente, mais qui sait reculer pour mieux sauter, en héritant du surplus théorique et pratique qui se cache dans les hérésies religieuses des multitudes, dans le droit naturel moderne quand ce dernier est le héros révolutionnaire de la dignité humaine et non le serviteur du fanatisme propriétaire[1]. »

Certes, les débuts de la pensée blochienne n'étaient pas marxistes. Bloch est né à une époque où le marxisme n'avait pas encore atteint une telle importance et où la philosophie dominante, celle qui dominait dans pratiquement toutes les universités allemandes de l'époque, entre 1870 et 1914, était le néo-kantisme, notamment celui de *l'École de Marbourg* (Hermann Cohen, Paul Natorp, Ernst Cassirer) et celui de *l'École de Bade.* C'était aussi une époque où l'on lisait beaucoup Schopenhauer et où l'on commençait à découvrir, timidement, les écrits de Nietzsche... Avant de devenir un grand penseur de « l'esprit utopique », Ernst Bloch a donc dû se confronter tout d'abord au néo-kantisme, notamment à celui de Rickert (auquel s'est confronté aussi

1. André TOSEL, *Préface* à Arno MÜNSTER, *L'utopie concrète d'Ernst Bloch. Une biographie*, Kimé, Paris, 2001, p. 9, 10.

Heidegger), mais il lisait aussi Tolstoï, les romans de Dostoïevski, les écrits de Maître Eckart et les grands textes de la *mystique juive*, la Kabbale...

Ernst Bloch est né le 8 juillet 1885, à Ludwigshafen sur le Rhin, en Allemagne, dans une ville ouvrière, industrielle, connue pour ses grandes usines chimiques, notamment le trust BASF, une ville plutôt laide montrant le visage dur et triste de l'industrialisme, contrastant beaucoup avec l'élégance de Mannheim, la ville voisine, située sur la rive droite du Rhin, qui avait un grand château, une bibliothèque royale et une vie culturelle, notamment musicale très riche. (Cf. « L'École de Mannheim » (Stamitz, etc.), bien connue par les musicologues !). C'est là que le jeune Ernst Bloch avait eu ses tout premiers contacts avec le mouvement ouvrier allemand, c'est là qu'il a lu les premiers tracts du Parti social-démocrate (SPD), les écrits d'August Bebel et de Rosa Luxemburg. Ses parents étaient des petits-bourgeois sans grande culture, ils étaient des juifs allemands assimilés à la culture allemande, ils n'étaient pas pratiquants ; le jeune Ernst Bloch n'a donc pas du tout reçu une éducation juive traditionnelle.

Mais il apprit assez tôt à détester l'école, l'école communale (très autoritaire, à l'époque) et le lycée « Kaiser Wilhelm », portant le nom de l'empereur Guillaume II. Il y fit pratiquement les mêmes expériences douloureuses qu'un Albert Einstein qui, en protestation aux méthodes autoritaires de l'école allemande de l'époque, avait pris la décision, déjà à l'âge de 14 ans, de renoncer en signe de protestation, à sa nationalité allemande. Dans ces entretiens qui ont maintenant été publiés, enfin, en traduction française, Bloch ne cesse de se plaindre des « horreurs » vécues dans cette école, dans ce lycée « royal », de la stupidité des professeurs de l'époque (à l'époque, Ludwigshafen et la Palatinat appartenaient encore à la Bavière !), et on ne peut qu'en conclure que c'est là, en protestation à ce milieu familial et scolaire à tous les égards étouffant qu'il est devenu un rebelle, un *révolté*, presque au sens de Camus qui, lui, avait dû fréquenter l'école primaire en Algérie, dans les années 1920 (cf. Albert Camus, *Le Premier homme*, Gallimard, 2013) où l'on pratiquait des châtiments corporels. Cette révolte ne se limitait pas seulement, chez le jeune Bloch, à une rébellion contre le système scolaire – trop autoritaire et complètement hostile à l'esprit critique – puisqu'il s'agissait d'inculquer aux jeunes, dès leur plus jeune âge, une sorte de discipline militaire, les préparant au service militaire et à la guerre, conformément à l'idéologie militariste de la Prusse –, cette rébellion avait aussi une dimension politique très claire : la détestation radicale de la Prusse et du prussianisme, s'accompagnant de grandes sympathies pour les ennemis de l'Allemagne et de la Prusse, notamment la *France républicaine* et d'une option pour le pacifisme.

Cela explique aussi pourquoi Ernst Bloch, après avoir fait des études universitaires aux universités de Munich, de Wurzbourg (où il soutient en 1908 sa thèse sur le néo-kantien Rickert) et de Berlin (où il étudiera auprès de Simmel et où il fera, en 1911, la connaissance du jeune Lukács) s'exilera volontairement, en 1917, en Suisse, pour échapper à l'enrôlement dans l'armée du « Kaiser » (une attestation de Karl Jaspers soulignant sa grande myopie et son inaptitude totale pour faire le service des armes l'aida), et c'est pourquoi, pendant ces deux années d'exil passées en Suisse, notamment à Interlaken, il collaborera avec enthousiasme au journal *Die Freie Zeitung* (Le Journal libre) de Berne, qui était l'organe de presse des Allemands exilés « anti-Kaiser », financé par l'Ambassade de France, en Suisse. C'était, pour l'essentiel, la tribune des opposants démocrates allemands au régime monarchique de l'Empereur Guillaume II qui était, pour les collaborateurs de ce journal, la principale cible de toutes les critiques et aussi le principal responsable de la catastrophe que représentait la *Première Guerre mondiale.* Les collaborateurs de ce journal, souhaitaient plutôt, en affichant une attitude non patriotique, la victoire militaire de *l'Entente* sur l'Allemagne et l'Autriche-Hongrie et la défaite de la Prusse et de l'Empire allemand de Guillaume II. (Ce n'était, soit-il dit, entre parenthèses, pas vraiment l'attitude de la plupart des intellectuels, écrivains et philosophes juifs-allemands de l'époque qui, dans leur majorité, à l'exception de Walter Benjamin, d'Ernst Bloch, de Gershom Scholem et de quelques autres) exhibaient plutôt un *fervent patriotisme pro-allemand* et un soutien aux objectifs de guerre de l'empereur Guillaume II, comme par exemple Georg Simmel (nommé professeur de philosophie, en 1914, à l'université de Strasbourg) ou Hermann Cohen, le fondateur et grand représentant de l'école néo-kantienne de Marbourg ! Tous deux ont professé leurs cours magistraux respectifs en portant l'uniforme de l'officier de réserve de l'armée du Kaiser.

Le cheminement d'Ernst Bloch vers le marxisme se fit lentement, progressivement, et par étapes, entre 1917 et 1919. Dans un premier temps, rien ne semblait vraiment prédestiner le jeune Bloch à devenir un grand intellectuel et penseur marxiste. Son premier grand livre *L'Esprit de l'Utopie*, publié en 1918, n'était pas encore un ouvrage marxiste, même si tout à la fin du livre, Bloch fait clairement allusion à « notre pensée socialiste ». (Mais là, il pensait, probablement beaucoup plus à Hermann Cohen, le fondateur d'un « socialisme éthique », fondé sur la philosophie morale du kantisme, qu'à Marx). Comme la pensée du *jeune Lukács* (avant sa conversion au marxisme (en novembre 1917)), ce livre était fortement imprégné d'une *métaphysique de l'intériorité* et, du moins pour une partie, d'une *subjectivité mystique*, fortement marquée par la mystique juive (la Kabbale), la mystique chrétienne de Maître Eckhart, par le romantisme allemand, par Kierkegaard, par Dostoïevski et par certains courants du mouvement expressionniste. L'influence de Kierkegaard est particulièrement forte lorsque Ernst Bloch entreprend d'esquisser, dans *l'Esprit de l'Utopie* (réédité en 1923) une philosophie de la *rencontre-de-soi-même* qui ne ressemble que trop à la pensée de *l'être-en-existence* du grand philosophe danois, fondée sur la *subjectivité pure* de l'individu, complètement isolé du monde et de la société. Mais Bloch, le jeune philosophe « révolté » qui détestait l'Allemagne de l'empereur Guillaume II, le militarisme prussien et l'autoritarisme de l'école allemande de l'époque et qui veut à tout prix, contre l'ultra-rationalisme des néo-kantiens dominant les universités allemandes de l'époque, réactiver l'esprit « utopique » et le souvenir des utopies, en tablant plutôt sur la richesse des *subjectivités* créatrices (cf. le chapitre « Philosophie de la musique », le vrai centre de *L'Esprit de l'Utopie* !) va bientôt tenter de sortir du cercle étroit de ce *solipsisme* égocentrique existentiel, en cherchant les voies constitutives d'une nouvelle métaphysique permettant de penser et de réaliser *l'extériorisation* de cette intériorité subjective (repliée et fermée sur elle-même), et à partir de là, il va même s'efforcer de se rapprocher, lentement, mais progressivement, du matérialisme.

Ce rapprochement sera facilité, comme dans le cas de *Georges Lukács*[1] par la *révolution d'Octobre* en Russie et la victoire des bolche-

1. Georg Lukács, *Histoire et conscience de classe*, trad. fr. Kostas Axelos et Jacqueline Dubois, Editions de Minuit, Paris, 1974.

viks, avec Lénine, en novembre 1917 ainsi que par la rencontre avec Lukács, qui eut lieu au *séminaire* de Georg Simmel, à Berlin, en 1911, et qui, après sa conversion au marxisme, en novembre 1917, ne cessera d'exercer une forte et constante influence sur la pensée de son ami allemand, le poussant évidemment vers une conversion au marxisme (qui, en ce qui concerne Ernst Bloch, n'a pourtant pas eu lieu, immédiatement, mais seulement en 1919, après l'assassinat de Karl Liebknecht et de Rosa Luxemburg, à Berlin, en janvier de la même année).

Cette évolution vers le marxisme et vers le matérialisme historique et dialectique, dans la pensée blochienne, est clairement attestée par son second livre intitulé *Thomas Münzer – théologien de la Révolution*, qu'Ernst Bloch publie en 1921, quelques mois seulement après la mort de sa première femme, la sculptrice lettonne Else Bloch-von-Stritzky, décédée des suites d'une opération de la dernière chance, à Munich, à l'hôpital, le 1er janvier 1921. Dans ce livre – très influencé par les études qu'Engels et Kautsky avaient déjà consacrées à la *Guerre des paysans allemands* du XVIe siècle – Bloch rend hommage à la figure de *Thomas Münzer*, théologien et prédicateur itinérant allemand qui, lors de cette Guerre des paysans, incitait les paysans, citations de la Bible à l'appui, à résister et à se révolter contre les Seigneurs qui les exploitaient et les dominaient, contrairement à l'attitude de Martin Luther qui leur enseignait la soumission et le respect de l'autorité terrestre, en s'appuyant sur l'Épître de l'apôtre Paul aux Romains. Ce faisant, Bloch ne fait rien d'autre, dans cet essai, que l'apologie d'une *théologie de la révolution*, à savoir *d'une théologie de la libération* qui, par l'articulation d'une lecture *autre*, prétendument « *subversive* » de la Bible avec une théorie de l'émancipation sociale et politique, anticipait par plusieurs aspects la « théologie de la Libération » qui gagna l'Amérique latine, cours des années 1960 et 1970 et dont les principaux représentants étaient Dom Helder Camara et les Frères Boff, au Brésil, Gustavo Gutierrez, au Pérou, et Ernesto Cardenal, au Nicaragua. En Allemagne, le professeur de théologie protestante Jürgen Moltmann (Munich/Tübingen) était proche de ces positions.

Dans les années 1920 et 1930, Ernst Bloch, séjournant alternativement à Berlin et à Vienne, figure incontestablement parmi ces intellectuels critiques antifascistes allemands qui, comme par exemple Heinrich Mann, Kurt Tucholsky, Carl von Ossietzky, Erich Kästner et quelques autres étaient pleinement conscients du danger que représentaient Hitler et son parti fasciste et qui ne cessaient d'alerter, avec leurs articles et manifestes, l'opinion publique. C'est dans cette perspective qu'Ernst Bloch a écrit, entre 1931 et 1934, son livre *Héritage de ce temps* qui n'a été publié qu'en 1935, à Zurich, en Suisse, lorsqu'il s'était déjà exilé, depuis deux ans, de l'Allemagne nazie. Outre une démystification désillusionnante des mensonges utilisés par *l'appareil de propagande nazi*, pour désorienter l'électorat de gauche, notamment les ouvriers, mais aussi les classes moyennes, outre quelques critiques visant aussi l'inefficacité de la propagande communiste et socialiste face à cette démagogie ultra-nationaliste, raciste et *antisémite*, ce livre expose aussi et surtout la théorie blochienne de la « *non-contemporanéité* » (*Ungleichzeitigkeit*), théorème avec lequel Ernst Bloch – philosophe, essayiste et journaliste antifasciste qui collaborait régulièrement à la revue communiste *Die Weltbühne* (dont la rédaction a été transférée à Prague, en 1933) – s'efforçait de fournir avant tout une explication sociologique pour cette régression dans la barbarie qui s'annonçait en Allemagne, avec la prise du pouvoir par les nazis, en 1933. Cette thèse, permettant d'expliquer, entre autres, le retard de l'Allemagne en matière de *démocratie* et de *républicanisme* par rapport aux autres démocraties occidentales, était certes originelle, mais elle était loin de faire l'unanimité, à l'époque. Autrement dit, en défendant cette thèse, Bloch (qui n'avait pas adhéré au Parti communiste allemand, mais qui en était sympathisant, tandis que son épouse polonaise Karola y avait adhéré, en 1932, et s'occupait du « Secours rouge »), était relativement isolé au sein même du groupe des intellectuels et écrivains antifascistes, tous très opposés à Hitler et aux « nationaux-socialistes », et contraints de s'exiler dans divers pays, notamment aux États-Unis.

Ce n'est qu'en septembre 1938, après l'annexion (« *Anschluss* ») de l'Autriche, au mois de mars de cette même année, qu'Ernst Bloch décide de s'exiler, avec sa famille, sa femme et son fils Jan Robert, aux États-Unis, à bord du paquebot « Pilsudski », à partir du port polonais de Gdynia. Il passera les premiers mois à New York, avant de gagner la ville de Marlborough près de Boston où il écrira, dans une solitude « splendide », son œuvre majeure, la trilogie philosophique *Le Principe Espérance*, dont la rédaction sera achevée en décembre 1944. Il y rédigera aussi son important livre sur Hegel : *Sujet-Objet. Éclaircissement sur*

Hegel qui sera d'abord publié en traduction espagnole au Mexique, en 1946, avant d'être publié en allemand, après son retour de l'exil américain, à Berlin-Est (en RDA), en 1951.

Auparavant, entre 1935 et 1938, c'est-à-dire, pendant son exil à Paris (en 1935) et à Prague (de 1936 à 1938), il avait fait d'importantes recherches sur le *matérialisme* qui n'ont été publiées que trente-cinq ans plus tard, comme volume 7 de ses *Œuvres complètes* (*Gesamtausgabe*) chez l'éditeur Suhrkamp, sous le titre *Le problème du matérialisme, son histoire et sa substance* (*Das Materialismusproblem, seine Geschichte und Substanz*), un livre de 500 pages (qui n'est toujours pas traduit en français !) dans lequel Ernst Bloch analyse tous les courants matérialistes de la pensée occidentale, de Démocrite et d'Épicure, jusqu'aux philosophes matérialistes français du XVIIIe siècle, jusqu'au matérialisme de Feuerbach, de Marx et d'Engels et au-delà, en tentant de libérer le concept marxiste de « matière » de ses défigurations et interprétations *vulgaires*, en refusant le concept mécaniciste d'une matière *chosiste* (chère aux philosophes matérialistes français du XVIIIe siècle) et en privilégiant une conception extrêmement dynamique de la matière en tant qu'entéléchie inachevée, dans le but de la fondation d'un concept de *matière ouverte, utopique*, d'une « matière en-avant » (*Materie nach vorwärts*) et de la matière comme « substrat de la possibilité objective réelle ». Ce grand travail de recherche sur la matière et le matérialisme inclut aussi une recherche sur les philosophes de la gauche aristotélicienne du Moyen-Âge, notamment sur *Averroès* et sur *Avicenne*[1] chez lequel la distinction aristotélicienne classique entre *matière* et *forme* est dépassée (et en même temps radicalisée) dans le sens précis que la matière (*hylè*) y est définie *a priori* comme « possibilité et comme substrat réel d'une matière en possibilité », à savoir d'une « *matière-en-avant* ». C'est donc de ce philosophe arabe qu'Ernst Bloch a « hérité » pour ainsi dire son propre concept d'une *matière ouverte*, d'une *matière-en-avant*[2].

Mais Ernst Bloch va encore plus loin, non seulement en célébrant, par l'affirmation du « mariage de la dialectique et de la

---

1. Cf. Ernst BLOCH, *Avicenna und die aristotelische Linke*, Suhrkamp, Francfort, 1963.
2. Cf. Arno MÜNSTER, *L'utopie concrète d'Ernst Bloch. Une biographie.* (Préface d'André Tosel), Kimé, Paris, 2001, p. 190-191.

matière », le dépassement définitif du matérialisme physicaliste et vulgaire par le matérialisme dialectique, mais en postulant aussi, relativement au concept de « nature », la substitution du concept de « nature naturante » qui, elle, est identifiée avec « l'homme économico-historique », en tant que sujet du processus du monde et de l'histoire. Et à partir de cette affirmation, un pont est directement jeté vers la conception marxiste-blochienne de l'histoire selon laquelle la véritable cause et origine du processus de l'histoire est l'homme travaillant, transformant la matière et le monde, en l'humanisant en même temps, par le développement et l'extériorisation de ses germes proto-utopiques, et en le transformant ainsi en un monde vraiment habitable, c'est-à-dire en foyer[1].

C'est donc ans l'exil aux États-Unis où aucune université, aucune école et aucun Collège n'a voulu l'engager comme enseignant/professeur, qu'Ernst Bloch a écrit son œuvre principale *Le Principe Espérance*. Qu'est-ce que « Le Principe espérance ? »

À vrai dire, l'intitulé initial qu'Ernst Bloch avait prévu pour cet ouvrage à tous les égards monumental, était *Dreams of better life*, titre anglais pour un livre, pour une trilogie écrite et rédigée de la première à la dernière page, en allemand, donc : *Rêves d'un monde meilleur*. Et ce titre initial, primitif, qui n'a été changé que beaucoup plus tard, au courant des négociations avec l'éditeur, traduit bien la nostalgie et l'état d'esprit de l'exilé antifasciste juif qu'était Bloch qui, face à la « nuit noire » qui était tombée sur l'Europe, avec l'arrivée au pouvoir d'Hitler, en 1933, avec ses agressions, avec sa politique impérialiste, avec son anticommunisme notoire et ses persécutions antisémites, s'accrochait quand même à l'espoir que ce régime inhumain, cruel, barbare et totalitaire disparaîtrait un jour, avec sa défaite militaire, permettant de construire, sur les ruines du nazisme, une société meilleure, démocratique, juste et fraternelle. C'est la raison pour laquelle on pourrait dire que ce *Principe Espérance* est quasiment synonyme d'un « principe malgré tout ».

Mais c'est aussi un ouvrage construit sur de solides fondements philosophiques très originels permettant de lui attribuer le titre d'ouvrage le plus important de l'histoire de la philosophie moderne et contemporaine du XXe siècle, aux côtés de *Sein und Zeit* (1927) de Heidegger et de *l'Être et le Néant* (1943) de Jean-Paul Sartre.

---

1. Ernst BLOCH, *Le Principe Espérance*, tome III, p. 560.

Au début du premier tome du « Principe Espérance », Ernst Bloch pose cinq questions auxquelles il s'efforce de trouver une réponse, dans cette grande trilogie :

« Qui sommes-nous ? D'où venons-nous ? Où allons-nous ? Qu'attendons-nous ? Qu'est-ce qui nous attend[1] ? »

Et il continue : « Le sol vacille, ils ne savent ni pourquoi, ni comment. Leur état est angoisse ; s'il se précise il devient crainte[2]. »

Là, on a l'impression de lire Kierkegaard ou bien Heidegger lorsqu'il identifie l'existence humaine, voire le fait d'*exister* du sujet humain et *l'être-dans-le-monde* comme une situation principalement marquée par *l'angoisse* et le *souci* (*Angst und Sorge*), ou bien par cette situation de « crainte et de tremblement » exposée et analysée en profondeur par Kierkegaard, dans sa philosophie existentielle. C'était bien la situation précaire et angoissée de l'exilé, qui, loin de sa patrie, errait dans un pays étranger qui ne pouvait que l'accueillir froidement, dans le contexte historico-politique des années 1930, et qui devait se poser chaque jour la question du « Comment pouvons-nous survivre, matériellement ? » et « Quel sera enfin notre avenir ? »

Or, seul *l'espoir* de la possibilité réelle de l'avènement, un beau jour, d'un monde meilleur, après la chute d'Hitler et la victoire de la coalition antifasciste des États-Unis avec l'Union soviétique de l'époque, en Europe, seule cette *espérance* de la libération prochaine du monde et de l'humanité du fléau de la tyrannie d'Hitler, de Mussolini et de Franco, pouvait maintenir en vie ces émigrés antifascistes, exilés à l'étranger, réfugiés souvent très loin de leur pays d'origine, de leur patrie, comme par exemple ces milliers de réfugiés juifs antifascistes allemands et autrichiens émigrés aux États-Unis pour échapper à la déportation et à la mort certaine dans les camps nazis.

C'est la raison pour laquelle Ernst Bloch écrit, dans la *Préface* au tome premier du *Principe Espérance* :

> « Il s'agit d'*apprendre à espérer*. C'est un travail qui ne se relâche pas, car il a l'amour du succès, non de l'échec. *L'espoir*, supérieur à la *crainte*, n'est ni passif comme celle-ci, ni prisonnier d'un néant. L'affect de l'espoir sort de lui-même, agrandit les hommes au lieu de les diminuer, n'en

1. Ernst Bloch, *Le Principe Espérance*, trad. de l'allemand par Françoise Wuilmart, Gallimard, Paris, 1976, p. 9.
2. *Ibid.*

sait jamais assez sur ce qui intérieurement les oriente vers un but, sur ce qui extérieurement peut s'allier à eux. Le travail de cet affect réclame des hommes qui se jettent activement dans le devenir, dont ils font eux-mêmes partie. Ils ne supportent pas cette vie de chien passif qui se sent rejeté dans l'existence, une existence insondée, et même dans certains cas reconnue misérable. Le travail dirigé contre *l'angoisse* vitale et les machinations de la crainte œuvre contre tous ses instigateurs, pour la plupart faciles à démasquer, et il cherche dans le monde même ce qui peut venir en aide au monde ; et cela peut se trouver ! Avec quelle exubérance n'a-t-on pas de tout temps rêvé d'une *vie meilleure* qui serait possible. La vie de tous les hommes est sillonnée de rêves éveillés dans lesquels entre certes une part de fuite insignifiante, alanguissante aussi, dont les imposteurs savent tirer parti. Mais il s'y trouve autre chose, qui stimule, qui empêche que l'on s'accommode à l'existant néfaste et que l'on renonce. Cette autre partie a *l'espoir* pour noyau et elle peut être instruite. Elle peut être arrachée au *rêve éveillé* incohérent, sauvée de la ruse des abus, délivrée de ses brumes et rendue active. Aucun homme n'a jamais vécu sans rêver les yeux ouverts, mais ce qui importe, c'est de connaître toujours mieux le *rêve éveillé*, sans intention frauduleuse, de lui venir en aide en l'axant sur ce qui est juste. Puissent les rêves éveillés s'épanouir plus pleinement encore, car cela signifie qu'ils s'enrichissent exactement du regard lucide ; non qu'ils se sclérosent mais qu'ils deviennent *clairvoyants* ; non qu'ils se comportent comme l'intelligence purement contemplative [...], mais comme l'intelligence impliquée qui les prend tels qu'ils évoluent et peuvent dès lors s'améliorer. Puissent donc les *rêves éveillés* réellement s'enrichir, c'est-à-dire devenir toujours plus clairs, être moins laissés au hasard, être mieux connus, mieux compris et mieux médiatisés avec le cours des choses. Afin que le froment qui ne demande qu'à mûrir puisse croître jusqu'à la moisson[1] ».

C'est en ces termes qu'Ernst Bloch annonce l'esquisse de tout un programme philosophique, d'une démarche philosophique dont le point de départ est bien les « petits rêves éveillés » et les « souhaits plus mûrs et leurs images » ou bien « l'obscurité du moment vécu[2] » et le point d'arrivée « l'utopie concrète », à savoir la *transformation du monde en un monde meilleur* par la *praxis consciente* de l'homme actif, *rêvant-en-avant*, transformant ses *rêves* éveillés en actions médiatisées avec les choses du monde, et *travaillant* pour

1. *Op. cit.*, p. 10.
2. Ernst Bloch, *Principe Espérance*, p. 349.

atteindre le but, à savoir une société *sans aliénation* et *sans exploitation, sans maître et esclave*, autrement dit, le « Royaume de la Liberté » qu'évoque Marx.

C'est dans la deuxième partie du premier volume du *Principe Espérance* qu'Ernst Bloch analyse en profondeur la *fonction utopique* de la *conscience anticipante*, dans toutes ses facettes, en commençant, pour éclaircir la problématique et la structure des rêves (diurnes et nocturnes), à décrire les principales fonctions et la structure des *rêves éveillés*, et cela dans un *dialogue permanent* (et aussi critique) avec Sigmund Freud, le père-fondateur de la psychanalyse. Comme je l'ai souligné dans mon livre *Espérance, rêve, utopie dans la pensée d'Ernst Bloch*[1], c'est bien la preuve et l'attestation de la volonté d'une confrontation sincère d'Ernst Bloch avec la doctrine de Freud et notamment avec *L'Interprétation des rêves* (*Traumdeutung*) (1899), livre qui a sans nul doute exercé une certaine influence sur l'auteur du *Principe Espérance*, même si Bloch, à cause de son adhésion au marxisme, manifeste dans ses lectures freudiennes une certaine prise de distance par rapport à tel ou tel théorème ou argument de Freud. En outre, ses rapports amicaux et collégiaux avec les pères fondateurs de l'École *freudo-marxiste* de Francfort (Adorno, Horkheimer, Marcuse...) ne pouvaient que l'inciter davantage à lire les écrits de Freud, même si sa lecture, à la différence de celle des grands intellectuels de l'École de Francfort, n'est pas toujours une lecture fidèle... Force est aussi de constater que *l'Interprétation des rêves* de Freud est déjà citée par Bloch, dans son tout premier livre, *L'Esprit de l'utopie* (1918), dans le cadre de ses réflexions et analyses concernant le problème du « refoulé », du « non-plus-conscient » et de la « volonté refoulée » (qui revient dans le rêve). Bloch y fait régulièrement allusion à la théorie freudienne de « l'inconscient » tel qu'il émerge dans le *rêve* et dans mainte *psychose* et dont les ressorts sont « l'instinct sexuel ou la volonté de puissance ou autre chose encore[2] ». C'est bien une preuve de plus que Bloch avait bien lu *L'Interprétation des rêves* de Freud, mais aussi du fait qu'il n'était pas vraiment prêt et disposé à s'inspirer tout simplement de la théorie – matérialiste – freudienne du refoulement d'événements et de

1. L'Harmattan, Paris, 2015.
2. Ernst Bloch, *Esprit de l'Utopie*, trad. de l'allemand par A. M. Lang et C. Piron-Audard, Gallimard, Paris, 1977, p. 230.

traumatismes remontant à la prime enfance, mais qu'il s'efforce aussi de prouver la présence, dans *l'inconscient* générant les rêves d'un *objet plus ample, utopique, essentiel, serti dans le passé.* En même temps, il s'annonce déjà, dans ce premier grand livre d'Ernst Bloch, l'intention, la tendance de se démarquer un petit peu du « pansexualisme freudien » ; car autrement on ne pourrait sûrement pas interpréter cette phrase de *L'Esprit de l'Utopie* dans laquelle la méthode scientifique de Freud, sa « science particulière » est commentée d'une manière critique comme une « science qui veut tout simplement saisir ce qu'il en est sans nous et tel que c'était, qui n'a d'yeux que pour le passé, le matériel, et réduit totalement tout instinct des lumières aux antécédents de la créature, qui *perd tout flux utopique* vivant et s'enferme finalement dans une mécanique vide – une science ainsi détachée et axée sur tout ce qui s'est détaché est pour finir elle aussi attachée à ce qui n'est plus conscient, à un passé si bien stabilisé qu'en définitive il n'y roule plus que des pierres[1] ».

L'insistance de Bloch, dans ce contexte d'une lecture critique de la psychanalyse freudienne, sur le concept de « *non-encore-conscient* » (qu'il oppose à « *l'inconscient* », le concept-clé de Freud), est importante, dans la mesure où ce « non-encore » sera bientôt pour ainsi dire un concept-clé pour l'esquisse et la fondation par Ernst Bloch d'une *ontologie du non-encore-être* qu'il oppose à toutes les ontologies traditionnelles mais aussi – et surtout – à *l'ontologie phénoménologique existentiale fondamentale* de Heidegger.

Ce qui est intéressant, dans ce dialogue critique de Bloch avec Heidegger, c'est qu'il oppose d'abord le concept des « affects vécus » de Kierkegaard au concept d'*angoisse* de Heidegger, en affirmant que « toute connaissance de soi suppose nécessairement l'existence de contacts entre l'intellect et les affects[2] », et qu'en défendant le concept kierkegaardien du « comprendre-soi-même-dans-l'existence », il exprime en même temps de fortes réserves contre le concept heideggérien de « *Stimmung* » (disposition) et de « situation » (angoisse, accompagnée du souci), en parlant même de « phénoménologie animale et petite-bourgeoise de l'expérience ».

Bien sûr, cette « aversion » de l'auteur du *Principe Espérance* contre le « méchant et réactionnaire Heidegger » ne peut pas être

1. *Op. cit.*, p. 231.
2. Cf. A. Münster, *op. cit.*, p. 35.

expliquée sans référence au contexte politique de l'époque, puisque cela est, du moins pour une grande partie, vraiment l'expression de *l'indignation* de *l'émigré antifasciste juif allemand* qu'était Ernst Bloch, face à l'attitude politique *scandaleuse* de Heidegger, en 1933, après l'arrivée au pouvoir des nazis, face à son allégeance au nazisme et à Hitler, dans son *Discours du rectorat*, prononcé en avril 1933, à l'université de Fribourg (où Heidegger évoqua à plusieurs reprises « la grandeur (!?) du mouvement national-socialiste »). Elle n'est que la traduction en termes philosophiques de sa condamnation politico-morale des inacceptables compromissions politiques de Heidegger avec le nazisme qui sont maintenant aussi confirmées par la publication posthume des *Cahiers noirs* (*Schwarze Hefte*), confirmant *l'antisémitisme* « métaphysique » de l'auteur d'*Être et Temps* (*Sein und Zeit*). Mais en même temps, Ernst Bloch procède aussi à une discussion et à une confrontation philosophique avec Heidegger qui concerne principalement le rôle des concepts d'*angoisse*, de « *Stimmung* » (disposition, humeur), dans le sillage des réflexions consacrées aux affects d'attente (angoisse, crainte, effroi, désespoir, confiance dans l'avenir, etc.). Et cette confrontation concerne surtout le paragraphe 29 de *Sein und Zeit*, à propos duquel Bloch n'hésite pas à souligner le « caractère problématique et insuffisant » de ce concept heideggérien, et à condamner son caractère « ondoyant » et « fluctuant », et de le stigmatiser comme « déprimant[1] ». Évidemment, c'est contre ce concept heideggérien d'*angoisse*, cette angoisse qui singularise le *Dasein* (l'être-là), c'est contre cette conception heideggérienne du *Dasein* et de sa chute dans l'abîme du *Néant* qu'Ernst Bloch pose et exhibe son concept de *l'espoir* et de l'*espérance*, c'est dans la logique de *l'espérance utopique* que Bloch va préconiser, dans le troisième volume du *Principe espérance*, la « disparition du Néant létal dans la conscience socialiste[2] ».

« L'espoir », affirme Bloch, comme « mouvement d'âme ascensionnel, est, comme l'angoisse, encore coloré par l'humeur : non pas parce qu'il n'y a pas de place en lui pour la nuit, mais parce qu'elle est cette *lueur naissante* que répand le lever d'une aurore[3] ». Et, simultanément, on s'efforce de prouver que l'espoir est *a priori* supérieur

1. Cf. M. Heidegger, *Sein und Zeit*, Tübingen, 1927, p. 134.
2. Ernst Bloch, *Le Principe Espérance*, tome III, p. 311.
3. Ernst Bloch, *Le Principe Espérance*, tome I, p. 140.

à *l'humeur*, parce qu'il n'est guère instable, « il est très spécifique, quant à son intention et surtout [...] il est capable de mises au point et de précisions logiques et concrètes[1]. »

L'espoir est donc non seulement l'antithèse à *l'angoisse*, mais il est aussi, face à la mort, « orienté vers la lumière et la vie [...] [2] ». Il ne perd jamais de vue qu'il y a encore une issue. L'espoir refuse de laisser le dernier mot à l'échec.

Cet espoir comme *espérance active* est étroitement enchevêtré avec la praxis, une praxis humaniste, concrète qui revendique de transformer le monde vers le meilleur, précisément, par la transformation des rêves diurnes de la conscience anticipante en action émancipatrice, dans le but de réaliser « l'utopie concrète ».

À ce propos, Bloch souligne le rôle médiateur très important, dans ce processus de transformation, de la catégorie « possibilité », du « possible ». Et il assigne à ce « possible », contrairement à Aristote, une fonction « utopique », dans la perspective précisément de l'humanisation du monde envisagé par Marx, c'est-à-dire de *l'émancipation sociale* par l'abolition du mode de production capitaliste, garantissant à l'homme travaillant, aux travailleurs, la fin de *l'aliénation* et de *l'exploitation*, dans une *société sans classes*, où « la condition du déploiement des facultés créatrices de chacun est celle de tous ». (Marx).

Ces réflexions sur le « possible » et sur les possibilités objectives de réalisation de l'utopie concrète assurent, dans le tome premier du *Principe Espérance*, la transition vers l'important chapitre 19 consacré aux *XI THÈSES DE MARX SUR FEUERBACH.*

1. *Op. cit.*, p. 140.
2. *Ibid.*

II

La catégorie « possibilité » dans la philosophie du pré-apparaître utopique et de « l'utopie concrète » d'Ernst Bloch

Prenant comme fil conducteur cette affirmation solennelle de Marx exprimée dans sa *Lettre à Ruge de 1843*, que le « monde possède toujours le rêve d'une chose dont il ne doit posséder que la conscience pour la posséder réellement », Ernst Bloch, le philosophe de l'espérance et de l'utopie concrète, a pratiquement consacré toute sa vie et toute son œuvre à esquisser une pensée utopique fondée sur une ontologie du non-encore-être et une « phénoménologie de la conscience anticipante » et de ses « images de souhait » qui était l'expression philosophique parfaite de sa conviction inébranlable dans le fait que « le bouillonnement qui se produit par-dessus la conscience est devenu le premier corrélatif de l'imagination utopique, corrélatif d'abord intérieur en elle-même[1] ». C'est précisément la différence entre l'homme et l'animal que l'animal ne connaît rien de semblable, seul l'homme, malgré sa lucidité plus grande, est plein d'effervescence utopique. Son existence est « moins compacte, alors qu'en comparaison de la plante et de l'animal, il est beaucoup plus intensément là[2] ». Mais l'existence humaine présente bien plus de choses émergeant à la limite de la conscience. Et c'est là, dans cet espace ouvert, que « voguent les rêves, et en lui que se meut le possible qui ne pourra peut-être jamais être extérieur » mais qui peut être quand même réalisé, extériorisé, précisément à cause de la poussée de la force intrinsèque de la *conscience anticipante*, en accord avec la volonté subjective de dépassement du réel et des conditions existantes.

Ce réel est défini par Ernst Bloch, comme chez Hegel et chez Marx, comme un processus qui « est lui-même médiateur, aux

1. *Le Principe Espérance*, trad. fr. F. Wuilmart, Gallimard, Paris, 1976, tome 1, p. 237.
2. *Op. cit.*, p. 237.

ramifications profondes, entre le présent, le passé non liquidé et surtout le futur possible[1] ». Tout réel passe au front de son processus dans la sphère du possible et est possible tout ce qui n'est encore que partiellement conditionné, c'est-à-dire non encore déterminé parce qu'encore incomplet ou non clôturé[2].

À ce propos, la distinction faite par Ernst Bloch entre le « possible objectif » et le « possible réel » est significative et importante. « Est objectivement possible tout ce dont la science est en droit d'espérer [...], sur la base d'une connaissance partielle de ses conditions existantes. Est par contre réellement possible tout ce dont les conditions ne se trouvent pas encore réunies au complet dans la sphère de l'objet lui-même [...]. L'Être en mouvement, en train de se transformer et transformable, tel qu'il apparaît dans sa dialectique matérielle, a cette capacité ouverte de devenir, n'est pas encore clos aussi bien dans son fondement qu'à son horizon[3]. » Son premier corrélatif était donc *l'image de souhait* non encore concrétisée de la conscience anticipante. Cette affirmation est importante, dans la mesure où elle permettra à l'auteur du *Principe Espérance* de prétendre, de préconiser que ce n'est pas la *facticité du réel* qui fait nécessairement la loi et que « la seule réalité des faits ne peut opposer de veto absolu à l'utopie. Elle peut faire opposition aux utopies fausses à celles qui se volatilisent dans l'abstraction, à celles qui sont mal médiatisées, toutefois *l'utopie concrète*, elle précisément, trouve un correspondant dans l'effectivité du processus : le *Novum* médiatisé[4]. » Ernst Bloch est donc bien celui qui, comme autrefois déjà Johann Gottlieb Fichte, l'auteur de *La Doctrine de la science*, affirme avec emphase, mais dans une perspective philosophique différente qui n'est plus du tout celle du transcendantalisme idéaliste d'un Kant ou d'un Fichte : « Tant pis pour les faits ! », et cela exactement un siècle et demi après la publication de la *Doctrine de la science* de Fichte. On a pu reprocher à Ernst Bloch ce « mépris de la facticité », surtout de la part des partisans des courants empiristes et scientifiques de la pensée contemporaine, par exemple des « pragmatistes » à la Peirce ou William James, jusqu'aux représentants de la philosophie analytique (Wittgenstein, Quine, etc.).

1. *Op. cit.*, p. 237.
2. *Op. cit.*, p. 237.
3. *Op. cit.*, p. 237.
4. *Op. cit.*, p. 238.

Mais toutes ces critiques n'ont pas fait reculer Ernst Bloch qui face à elles et à ses adversaires, a préféré persister et signer, en soulignant que « l'unique prise en considération des faits est peu réaliste, que la réalité elle-même n'a pas dit son dernier mot, qu'elle doit encore se déployer et qu'elle confine à l'advenant et au bourgeonnement et à l'éclatement[1] ». Il reste plus que jamais convaincu que l'homme actuel « ne voit plus évoluer au sein d'une somme des faits établis et a cessé de les considérer comme la seule et unique réalité[2] ». Il y a donc urgence, et cela Bloch le dit aussi à l'adresse des marxistes, à une époque où la vulgate marxiste-léniniste stalinienne avec tout ce qu'elle comporte de dogmatisation, de simplifications et de déformations de la doctrine authentique de Marx – « cette notion d'une réalité figée qui s'est même à diverses reprises immunisée dans le marxisme, le rendant schématique[3] ». « À quoi bon parler de processus dialectique si c'est pour traiter ensuite l'histoire comme une succession de faits et de totalités fermées[4]. » Une telle attitude constitue par la réalité une menace de rétrécissement et d'appauvrissement, elle « équivaut au refus de reconnaître la virtualité de la semence qu'elle recèle ». Elle irait donc à l'encontre du marxisme. Bien au contraire, « les fantasmes concrets et les œuvres plastiques nées dans leurs anticipations médiatisées fomentent au sein du processus de réalité et prennent forme dans le rêve concret vers l'avant, tout élément anticipatif est composant de la réalité elle-même[5] ». Par conséquent on est en droit de rattacher la volonté d'utopie à la tendance objective, elle « la confirme et l'accueille comme sienne[6] ».

Or, on peut en effet – avec Adorno et *l'École de Francfort* – douter de cette « faculté d'accueil et de confirmation » de la tendance objectale, en pensant que celle-ci, sous la forme de la réalité économique et sociale réelle, est plutôt caractérisée par le fait qu'elle s'oppose en fin de non-recevoir à cette volonté utopique subjective, en étouffant, dans le cadre d'un univers hiérarchisé et contraignant, les facultés et potentialités émancipatrices germant, fermentant en son sein, mais

1. *Op. cit.*, p. 238.
2. *Op. cit.*, p. 239.
3. *Op. cit.*, p. 239.
4. *Op. cit.*, p. 239.
5. *Op. cit.*, p. 239.
6. *Op. cit.*, p. 239.

empêchées par la violence interne du système capitaliste, de se manifester et de devenir, pour parler avec Gramsci, une force libératrice hégémonique.

Or, en réfléchissant, dans le même grand chapitre du *Principe Espérance* consacré à l'imagination utopique, sur « l'étant d'après la possibilité » et « l'étant-en possibilité », Ernst Bloch doit quand même admettre que « si tout est possible lorsque les conditions partiellement réunies sont suffisantes, tout est encore impossible au niveau des faits lorsque les conditions nécessaires sont totalement absentes. L'objectif, dans ce cas, se révèle être, objectivement, aussi bien que subjectivement, une illusion pure et l'élan qui s'y précipitait retombe ; si au contraire, il progresse, c'est tout au plus un but différent de celui conçu et recherché dans l'abstraction ignorante des faits qui est atteint sur la base des conditions économico-sociales existantes et déterminantes[1] ».

Tout en dépassant Marx, avec son « optimisme militant », son mépris de la facticité et son recours à l'inspiration utopique de la « conscience anticipante », Bloch s'installe pourtant quand même dans l'horizon de la théorie-praxis marxiste, en soulignant par exemple, dans le *Principe Espérance* que, chez Marx, la théorie-praxis concrète était étroitement liée à l'examen du mode de la possibilité objective réelle et que « la possibilité réelle n'est que l'expression logique de la conditionnalité matérielle suffisante d'une part, de l'ouverture matérielle (la matière étant un giron non épuisé) d'autre part[2] ».

Cela présuppose cependant chez Ernst Bloch l'attachement à un concept de « matière ouverte », de « matière-en-avant » et d'un matérialisme absolument opposé au matérialisme vulgaire ou celui du « marxisme-léninisme » dogmatisé, privilégiant de loin la définition de la matière, au sens étymologique du terme, comme « *mater* et matrice génératrice » du *Nouveau* et du *possible*, à la *matière chosiste* des philosophes matérialistes français du XVIIIe siècle (D'Alembert, Lamettrie, Diderot...) et de leurs épigones allemands au XIXe siècle (L. Büchner, Moleschott, etc.).

Cette « matière-en-avant » est par son essence même « matière utopique » et en tant que telle elle n'est absolument plus réductible au concept de matière du matérialisme atomistique d'un Démocrite.

---

1. *Op. cit.*, p. 239.
2. *Op. cit.*, p. 249.

Or, c'est pendant ses années d'enseignement de l'histoire de la philosophie à l'université de Leipzig (1949-1957) qu'Ernst Bloch a rédigé le dernier grand chapitre de son grand livre consacré aux *Problèmes du matérialisme, son histoire et sa substance*[1], dont il avait déjà commencé la rédaction, pendant son exil à Paris, en 1935, et à Prague, de 1936 à 1938, et qui n'a été publié qu'en 1972, à Francfort, en Allemagne de l'Ouest, onze ans après son départ de la RDA.

Ce livre volumineux constitue un manifeste pour un matérialisme « spéculatif », héritier des meilleures traditions de la dialectique idéaliste. Là aussi la catégorie « possibilité » est étroitement articulée avec le concept du *Novum* et celui d'un *optimisme militant* qu'Ernst Bloch oppose, dans le *Principe Espérance*, mais aussi dans ses écrits et ses entretiens ultérieurs (qu'on peut enfin maintenant lire en français) au *pessimisme* de Schopenhauer et à celui de *l'École de Francfort*. À ce propos, un paragraphe de l'entretien télévisé avec José Marchand de l'année 1974, enregistré à Tübingen (et qui n'a d'ailleurs jamais été diffusé par la télévision française !), mérite une attention particulière. Après avoir opposé le concept de « pessimisme militant » qui spécule encore un peu sur la possibilité que le Mal puisse être encore éradiqué à sa racine, au « pessimisme de la résignation » de Schopenhauer, Bloch affirme et souligne, dans ce long entretien, que « la possibilité n'est pas encore à sa fin, et qu'elle est la catégorie la plus étrange dans l'immense laboratoire qu'est le monde, le *laboratoire d'un salut possible* (*laboratorium possibilis salutis*)[2] » et qu'on puisse même parvenir à cette conviction par le pessimisme. Et il va jusqu'à affirmer, dans ce même contexte, qu'on ne peut même pas penser l'espérance sans tenir compte de Schopenhauer, car, autrement, elle ne serait qu'une phrase et une espèce misérable de la confiance, « que l'espérance n'est vraiment pas du tout ».

Comme Ernst Bloch le réaffirme dans ce même entretien, l'espérance n'est pas la confiance (*Zuversicht*) mais un appel à nous tous, au monde et qui est de ce fait la tâche (et le devoir) d'humaniser le monde, ou bien, comme l'affirme Marx, de travailler pour « l'humanisation de la nature et la naturalisation de l'homme ». À propos de

1. Ernst Bloch, *Das Materialismusproblem. Seine Geschichte und Substanz,* Œuvres Complètes (Gesamtausgabe) vol. 7, Suhrkamp, Francfort, 1972.

2. Ernst Bloch, *Rêve diurne, station debout et utopie concrète (Ernst Bloch en dialogue)*, Lignes, Fécamp, 2016, p. 171.

la nature, Marx utilise d'ailleurs, comme nous le rappelle Ernst Bloch, l'expression de « résurrection de la nature », ce qui ne désigne pas « la résurrection après la mort sur la croix », selon la doctrine chrétienne, mais la « résurrection de la nature », dans la mesure où la nature est porteuse de beaucoup de signes et de symboles, par exemple, dans la notion de *bonheur*, se rapportant au soleil et à l'aube, tandis que les mots de *malheur* ont un rapport avec les tremblements de terre et la nuit profonde (noire). Tous les deux, la nuit et le soleil, proviennent de la nature et la *résurrection de la nature*, cela signifie accélérer le lever du soleil, régler les aiguillages dans le processus du monde, dans la possibilité toujours présente dans la catégorie « possibilité » et dans l'autre catégorie, la *potentia* (puissance de l'homme), c'est-à-dire du pouvoir de la puissance de transformer le monde (au sens de Marx) et en même temps dans un sens dépassant Marx, à savoir de « réveiller en lui le visage humain qui y sommeille et dont l'existence est si difficile[1] ».

C'est la catégorie de *non-encore* qui est le vrai cœur, le muscle et la vraie force motrice de la catégorie possibilité ; elle est cette force et cette puissance stimulant et guidant ce processus de transformation du monde vers le meilleur.

Chez Ernst Bloch, la catégorie « possibilité » est étroitement enchevêtrée avec le concept de « conscience anticipante », ses réalisations, ses objectivations, et une « téléologie d'en bas », désignant la trajectoire du *non-encore*, dans le processus de transformation du réel.

C'est dans un important chapitre du tome premier du *Principe Espérance* qu'Ernst Bloch analyse en profondeur les diverses « couches » de la *catégorie possibilité*, en mettant en évidence la nécessité d'une différenciation. Comme Bloch le souligne, elle est par son essence même orientée vers *l'ouvert* ; elle est non pas « nécessité » inévitable mais, comme Ernst Bloch le montre dans son livre consacré aux *Questions fondamentales de la philosophie* (*Grundfragen der Philosophie*, Suhrkamp, Francfort, 1961), elle ne pouvait être que potentiellement conditionnée. Or, conformément à cette catégorie de *non-encore-être*, la « catégorie possibilité » comporte, elle, plusieurs niveaux correspondant aux divers degrés de réalisation et d'extériorisation de la subjectivité, dans le processus dialectique.

1. Ernst Bloch, *Das Materialismusproblem, seine Geschichte und Substanz*, p. 97.

1) Le premier degré, c'est, au niveau du sujet, le *rêve diurne*, exprimant les *images de souhait* de la conscience anticipante, qui peuvent encore être assez vagues, à leur début, mais qui ont la tendance irréversible de se concrétiser. Mais cela dépend évidemment des conditions qui sont variables et différenciées.

2) Le deuxième degré est selon Bloch constitué par ce qui est objectivement possible, dans la pensée du sujet, dépassant la simple connaissance empirique et exprimant les jugements hypothétiques et problématiques. Par conséquent, « la possibilité objective est factuellement l'état de degré du fondement objectif scientifique selon la connaissance scientifique incomplète des conditions objectivement données[1] ».

Rappelons seulement, à ce propos, brièvement, que le philosophe Nicolai Hartmann qui – soit dit en passant – se réclame, dans sa critique du dualisme aristotélicien, des enseignements de l'École de Mégare (les Éléates), affirmait, dans son ontologie, que « peut être possible seulement ce qui est ou sera réel[2] ». Cela veut dire que dans cette théorie, l'étant réel est toujours identifié avec la possibilité réelle qui se concrétise par son principe formel. Il va de soi que Ernst Bloch s'oppose à cette vue unilatérale de Hartmann, en protégeant Aristote contre ces critiques, et en se rapprochant lui-même, par exemple à propos de la matière, de la conception aristotélicienne du *dynaméion, désignant la possibilité elle-même en soi*, et distinguée du *kata to dynaton* de la puissance, conditionnant le réel, rendant le réel *possible*. Chez Ernst Bloch, comme le souligne à juste titre son ancien assistant Burghart Schmidt, l'approche aristotélicienne concernant le principe de la forme, est appliquée à la matière elle-même et celle-ci est définie *a priori* comme étant « ouverte », comme une « matière-procès », voire *a priori* comme *matière processuelle*, une matière *dialectique*, c'est-à-dire, comme corollaire [ou substrat] de la catégorie objective réelle, devenue la catégorie fondamentale d'une *ontologie du non-encore-être*[3]. Autrement dit, « la possibilité réelle ne réside pas dans une ontologie achevée de l'être de l'étant, mais dans l'ontologie de l'être du non-encore-étant, qui

1. *Le Principe Espérance*, t. I, p. 261.
2. Nicolai Hartmann, *Möglichkeit und Wirklichkeit*, 1938, rééd., 1949.
3. Cf. B. Schmidt, *Kritik der reinen Utopie. (Eine sozialphilosophische Untersuchung)*, Metzler, Stuttgart, 1988, p. 276.

doit toujours être fondée de nouveau comme elle découvre l'avenir même encore dans le passé[1] ».

Ainsi, le facteur subjectif-dialectique dans la matière devient-il le fondement de ce que la réalité future de la possibilité réelle de la catégorie ontologique de la matière peut comporter. Et dans son anticipation, il saisit le contenu d'une triple manière : 1) comme *image de souhait* lui indiquant une vie agréable ; 2) comme idéal anticipant l'homme parfait, en déterminant ses qualités, ses facultés et ses conditions sociales et 3) comme symbole, signifiant l'identité de l'existence et de l'essence, donc l'état où le non-avoir a été transformé en avoir[2]. Il existe donc, pour résumer, selon Ernst Bloch, deux couches de la *catégorie possibilité* : (a) le possible formel ; et (b) le possible objectivement réel dans lequel s'inscrit le dynaméion (l'être-en-possibilité) par lequel Aristote définit la matière[3].

Ce qui est caractéristique pour la lecture blochienne d'Aristote, c'est qu'à ses yeux, Aristote fut vraiment le premier grand philosophe à reconnaître l'existence de la *possibilité* au niveau du réel, dans la constitution même du monde, et c'est à partir de là que « la possibilité réelle peut être conçue comme substrat ». À ce propos, Ernst Bloch table évidemment sur cette affirmation, figurant dans le chapitre septième du Livre *Thêta* de *La Métaphysique* d'Aristote, où Aristote souligne que « tous les êtres qui sont engendrés, soit par la nature, soit par l'art, ont une matière ; car chacun d'eux est capable à la fois d'être et de ne pas être, et cette possibilité, c'est la matière qui est en lui[4] ». Ainsi Bloch a-t-il visé en un sens dans le cœur même de la doctrine aristotélicienne de *l'entéléchie*, de ce dualisme entre *forme* et *matière*, où la forme étant encore séparée, se réalisant elle-même, se situe et devient matérielle dans la même mesure où le concept de *puissance active* vient se joindre à celui de *potentialité* active[5]. Avec cette lecture identifiant *dynaméion* et *matière*, Bloch défie et contredit aussi certains philosophes néo-aristotéliciens et déistes arabes qui, comme par exemple les *Motekhalemin*, nient l'équation « possibilité réelle = matière ».

1. Ernst Bloch, *Le Principe Espérance,* I, p. 274.
2. B. Schmidt, *op. cit.*, p. 276.
3. Ernst Bloch, *Le Principe Espérance,* I, p. 284.
4. Aristote, *Métaphysique*, VII, 7; Cf. E. Bloch, *op. cit.*, p. 284.
5. Ernst Bloch, *op. cit.*, p. 284.

Pour eux, le *Primum* précédant le monde n'était pas le *dynameion* mais le néant néantisant. « Dieu a créé le monde à partir du néant, il ne l'a pas fait surgir de la matière, de la possibilité réelle[1]. » Or, l'intérêt d'Ernst Bloch pour la gauche aristotélicienne, c'est-à-dire pour la pensée d'Avicenne, d'Averroès, d'Amaury de Bène et de David de Dinant, s'explique *a priori* par le fait que chez ces penseurs (majoritairement arabes), « la matière en tant que possibilité réelle devient le fondement total du monde, tandis que la volonté créatrice divine n'est qu'un moment de la matière bien plus que Dieu et matière deviennent identiques[2] ». « Tout dualisme étant éliminé, la création n'est plus ici qu'une autofécondation de Dieu-matière ; c'est en lui que réside la possibilité en même temps que la puissance qui lui est immanente et qui exclut la nécessité d'un moteur extérieur au monde[3]. » Selon Ernst Bloch, il ne s'agit ici de rien d'autre que d'un « semi-matérialisme de la possibilité réelle » qui va ensuite encore s'accroître dans la Renaissance, avec Giordano Bruno[4] qui identifiera le monde avec la réalisation des possibilités que renferme la matière homogène et qui constituent cette matière. C'est pour avoir enseigné cette doctrine qu'il a été brûlé comme « hérétique » sur le bûcher à Rome, en l'an 1600, suite à un procès qui lui avait été fait par l'Inquisition. Or Ernst Bloch regrette sincèrement – parce que cela est absolument contraire à la tendance fondamentale de sa pensée matérialiste dialectique – que cette définition du *dynaméion* allait sombrer dans le matérialisme purement mécanique, le matérialisme *mécaniciste* où la matière est conçue comme masse inerte étrangère à l'histoire, comme une réalité statique figée, chosiste (*Klotzmaterie*) voire comme une masse quantitative mécaniquement mue mais mécanisée. Ce matérialisme mécanique, Ernst Bloch l'a combattu avec toutes ses forces intellectuelles de philosophe, en lui opposant dès l'année 1935, avec son grand livre sur le *Matérialisme, son histoire et sa substance* (1972), en heurtant ainsi de front toutes les tendances dogmatiques du marxisme orthodoxe, la conception d'un *matérialisme historique et dialectique « spéculatif »*, ouvert, où nature et avenir, matière et anticipation convergent et se rencontrent en tenant réellement compte du « facteur subjectif,

1. Ernst Bloch, *op. cit.*, I, p. 285.
2. *Ibid.*
3. *Ibid.*
4. *Ibid.*

de la maturité des conditions, du renversement de la quantité en qualité, c'est-à-dire de tous les moments du développement dialectique-matérialiste[1] ». Ce qui caractérise la démarche exceptionnelle d'Ernst Bloch, à propos de ce matérialisme rénové et totalement émancipé, libéré des conceptions dogmatiques d'une *matière chosiste et mécaniciste*, c'est qu'il est non seulement convaincu que « le passage du règne de la nécessité à celui de la liberté ne peut se produire que sur la base d'une matière inachevée en processus[2] », mais qu'il est aussi nécessaire de faire converger cette vue d'un matérialisme dépoussiéré, redynamisé et revitalisé précisément, par le renouveau de la conception aristotélicienne de la matière comme *dynamei-on*, avec une ontologie nouvelle, à savoir une *ontologie du non-encore-être* où « la possibilité réelle réside dès lors non pas dans une ontologie toute faite de l'Être [...] mais dans *l'ontologie qui est à refonder* sans cesse de l'Être de ce qui *n'est pas encore* [une] ontologie qui découvre de l'avenir jusque dans le passé et dans la nature tout entière[3] ». Un espace nouveau est ainsi mis en évidence : « La possibilité réelle est la catégorie de l'espace qui s'ouvre devant le mouvement de la matière en tant que processus ; elle est la propriété spécifique de cette partie de la réalité qui se situe au front de son déroulement[4]. » Par conséquent, elle a la tendance naturelle de s'enchevêtrer avec le *Novum* ; elle est de par son essence même ce qui apparaît chez Aristote sous le terme de « *potentia-possibilitas* », comme un réel en germe qui n'est pas du tout fait, mais qui équivaut à un déploiement réel[5]. Elle est une « disposition à sa propre réalité, maintenant cette disposition en action qui n'est rien de moins que celle du *Totum* ultime[6] ». Et en ce qui concerne cette disposition, elle n'a évidemment pas grand-chose en commun avec celle évoquée par Heidegger, dans *Sein und Zeit*, à savoir avec la « *Stimung* », mais elle est plutôt définie et identifiée par Ernst Bloch avec la « marche debout » (*aufrechter Gang*) de l'homme, avec la *disposition* de [l'homme] à la libération de toute soumission et donc la disposition au règne de la *liberté* qui traverse sans cesse l'histoire

1. Ernst BLOCH, *Le Principe Espérance*, I, p. 286.
2. *Op. cit.*, p. 286.
3. *Ibid.*
4. *Op. cit.*, p. 287.
5. Ernst Bloch, *op. cit.*, p. 287.
6. *Ibid.*

des révolutions. « Jusqu'à l'homme sans classe », précise encore à ce sujet Ernst Bloch, « qui représente et résume la dernière possibilité disposée dans l'histoire qui s'est déroulée jusqu'ici[1] ». Oui, Ernst Bloch croyait encore ferme à ce *telos* de la philosophie de l'émancipation sociale de Marx qu'est la « société sans classes » (*die klassenlose Gesellschaft*), mais il savait aussi, étant complètement désillusionné par les douze ans qu'il a vécus en RDA (en Allemagne de l'Est), comme professeur de philosophie à l'Université de Leipzig, qu'elle n'avait pas encore été réalisée nulle part et surtout pas dans les pays communistes se réclamant du « marxisme-léninisme-stalinisme » qui ont dégénéré précisément en dictatures socio-étatiques très bureaucratiquement dirigées par des *apparatchiks* qui plaçaient toujours leurs propres intérêts de carrière bien au-dessus des intérêts du peuple qu'ils étaient censés défendre. En quittant cet univers, en 1961, quelques jours seulement avant la construction du mur de Berlin, Bloch ne rompra cependant pas, malgré toutes les déceptions subies, avec le marxisme. Il continuera à défendre un *marxisme humaniste, un marxisme non dogmatique*, celui du *courant chaud*, opposé au *courant froid* de tous ceux qui veulent réduire la doctrine de Marx à une simple critique de l'économie politique, ainsi que le projet écologiste « écosocialiste » marxien de la « naturalisation de l'homme et de l'humanisation de la nature », évoqué déjà par Marx, dans les *Manuscrits de 1844*. « C'est l'abolition de l'aliénation, dans l'homme et dans la nature, entre l'homme et la nature, ou encore l'accord de l'objet non réifié et du sujet manifesté[2]. » Il est indéniable qu'une telle perspective ne peut être affirmée et manifestée que grâce à la découverte de la possibilité essentielle réelle et non par la nécessité essentielle réelle… Un processus toujours en cours, une *image d'espérance* d'un monde meilleur, image active et médiatisée dans la tendance, un idéal stimulant, un symbole au contenu profondément caché : telles demeurent les perspectives réelles, elles-mêmes anticipantes, de la possibilité réelle – comme étant la dimension frontale *katexochén*[3].

1. *Ibid.*
2. Ernst Bloch, *op. cit.*, p. 290.
3. *Ibid.*, p. 290-291.

III
La transformation du monde ou : Ernst Bloch et les XI thèses de Marx sur Feuerbach

DANS ce 19e chapitre du premier volume du *Principe Espérance*, intitulé « Transformation du monde ou les XI thèses de Marx sur Feuerbach », Ernst Bloch s'efforce tout d'abord de prouver que le détachement critique de Marx à l'égard de Feuerbach et à l'égard de son *matérialisme anthropologique*, que cette rupture avec le grand auteur du livre *L'Essence du christianisme* (1841) « se fit avec le plus grand respect et à la manière d'une mise au point, voire d'un simple complément », mais, dès le début, quand même avec une accentuation du « point de vue social[1] ». Dans sa lettre à Ruge du 13 mars 1843, Marx n'avait-il pas déjà regretté le fait que Feuerbach « s'occupait trop de la nature et pas assez de politique » ? Ainsi, Ernst Bloch tient-il à préciser que lors de la rédaction des *Manuscrits économico-politiques (de Paris)* de 1844, Marx avait chanté encore assez longuement les louanges de Feuerbach, en glorifiant notamment « l'établissement du *matérialisme véritable* et de la *science réelle* chez Feuerbach, qui fait du *rapport de l'homme à l'homme* le principe fondamental de la théorie[2] ». En outre, Bloch met en évidence que dans *La Sainte Famille* (1844), la prise de distance de Marx par rapport à Feuerbach est déjà assez claire et réelle, vu qu' « à la place de l'homme générique feuerbachien et de sa nature abstraite de constante », Marx a déjà posé « l'ensemble des rapports sociaux fondé sur l'antagonisme de classes[3] », en évoquant *l'aliénation* qui, pour la classe exploitée et dominée, à savoir les travailleurs, est la triste

1. Cf. Ernst BLOCH, *Le Principe Espérance*, tome 1, Gallimard, Paris, 1976, p. 302.
2. Ernst BLOCH, *op. cit.*, p. 303.
3. *Idem.*

réalité de l'existence humaine[1]. Ce qui ne signifie rien d'autre qu'avec ce livre (*La Sainte Famille*) (1844), Marx, avait déjà donné sa *conception matérialiste de l'histoire* et du *socialisme scientifique* (304), si bien que les *Onze thèses*, composées entre *La Sainte Famille* (1844/45) et *L'Idéologie allemande* (1845/46) sont l'expression de l'adieu définitif, devrait-on dire, de Marx à Feuerbach, et en même temps l'attestation de son héritage (du passé). Et cette émancipation de Feuerbach qui, avec *L'Essence du Christianisme* (1841), avait jeté les fondements du matérialisme anthropologique, était un pas en avant très important de Marx, puisqu'elle a apparemment beaucoup contribué à immuniser Marx contre la gauche hégélienne (Bruno Bauer, Stirner, etc.). Le fait d'adopter le point de vue du politique a orienté Marx vers le « causal concret », c'est-à-dire qu'il l'a rendu véritablement humaniste[2]. Mais – c'est la réserve que Bloch exprime, immédiatement –, si jamais rupture il y a eu, réellement, celle-ci est naturellement synonyme de « rupture totale », parce que les références à Feuerbach continuent de jalonner, malgré cela, toute l'œuvre de Marx[3] ! La meilleure preuve, c'est la façon dont *L'Idéologie allemande* s'empare dès le début du nom de Feuerbach, en lui accordant une importance fondamentale et en se fondant principalement sur sa *critique de la religion*. Selon Ernst Bloch, Feuerbach a quand même le grand mérite d'avoir conçu, précisément à la différence des matérialistes vulgaires du XVIIIe et du XIXe siècle, aussi *l'homme comme un objet sensible*. Sans cela « il eût été beaucoup plus difficile au matérialisme et au marxisme de faire de l'humain la science de toutes les choses sociales[4] ». Par conséquent, le *matérialisme anthropologique* de Feuerbach masque-t-il « le passage du simple matérialisme mécaniciste ou matérialisme historique[5] ».

En outre Bloch, dans sa lecture des *XI Thèses de Marx*, tient-il à souligner que Marx, dans son effort d'un dépassement productif de Feuerbach, se réfère essentiellement à l'œuvre principale de Feuerbach, à savoir à *L'Essence du christianisme* (1841), aux *Thèses provisoires pour la réforme de la philosophie* (de 1842) et aux *Principes de la philosophie de l'avenir* (de 1843), en ignorant les autres écrits

1. *Ibidem*, p. 304.
2. E. Bloch, *Le Principe espérance,* t. I , Gallimard, Paris, 1976, p. 304.
3. *Ibid.*
4. E. Bloch, *op. cit.*, p. 305.
5. *Ibid.*

feuerbachiens qui sont antérieurs à ces ouvrages et qui sont encore fortement marqués par l'influence de Hegel sur sa pensée. Or « il a fallu attendre les *XI Thèses* pour que soit enfin indiquée la voie menant du simple anti-Hegel à la réalité transformable, du matérialisme de l'arrière-garde à celui du front[6] ».

Avant d'aborder le problème de la classification des *Thèses* de Marx par Ernst Bloch qui a en effet donné lieu à une controverse avec Georges Labica, il nous semble conseillé de dire un mot sur la place de cette lecture blochienne des *XI Thèses de Marx* dans son œuvre principale et majeure *Le Principe Espérance* (publié en 1959). (Le tome premier avait déjà été publié en 1954, à Berlin-Est (en RDA), et le second en 1955).

Il s'agit en effet du 19e chapitre du *Principe Espérance*, succédant au chapitre 18, qui est entièrement consacré, et cela ne peut pas relever du tout du hasard, aux « *différentes couches de la catégorie de possibilité*[7] ». Dans ce chapitre, Ernst Bloch esquisse en effet le passage du « possible formel » au « possible objectif », en faisant la démonstration de la suprématie du *pouvoir-être authentique* sur le *pouvoir-être factuel* inauthentique, en soulignant que « le possible conforme à la structure de l'objet, c'est la conditionnalité partielle correspondant au genre, au type, au contexte social et au contexte juridique constituant la structure de la chose[8] ». Ce qui signifie que « ce qui est partiellement conditionné déborde dès lors sur une ouverture strictement fondée dans l'objet de la connaissance..., une ouverture dont le degré de détermination structurelle est plus ou moins élevé[9] ».

« L'humanité », affirme Bloch, dans le sillage de Marx, « ne se pose jamais que les problèmes qu'elle peut résoudre, mais le moment crucial de la solution restera purement et simplement possible, c'est-à-dire qu'elle ne sera plus que faiblement possible[10] ». À l'appui de cette thèse, Ernst Bloch cite l'échec de la *révolution en Allemagne*, en novembre 1918 : « Le fait qu'en Allemagne, le 9 novembre 1918, n'ait pas eu de suite révolutionnaire, en est un exemple de même que dans un tout autre domaine, la non-maturation d'une grande

6. Ernst Bloch, *op. cit.*, p. 305.
7. Ernst Bloch, *op. cit.*, p. 270-300.
8. *Op. cit.*, p. 279.
9. *Op. cit.*, p. 279.
10. Ernst Bloch, *Le Principe Espérance*, t. I, p. 280.

peinture allemande de Dürer, et cela en dépit du fait que les conditions extérieures aient été toutes réunies [...] ». Autrement dit, « la *conditionnalité partielle* ne peut donc, que ce soit dans une espèce de condition ou dans l'autre, descendre au-dessous d'un seuil déterminé, sans quoi la surcompensation par l'autre espèce conditionnée n'est plus possible[1] ».

Il ne relève pas du tout du hasard que ce chapitre 18, consacré à la catégorie « possibilité », et plus précisément au rapport entre la *puissance subjective* et *potentialité objective*, soit donc dédié au problème du « réalisable » dans l'histoire et se termine avec un hommage à Marx, qui est considéré comme « le maître réalisé de cette *abolition du prolétariat*, de cette médiation possible et en train de se réaliser des hommes avec eux-mêmes et avec leur *bonheur* normal[2] ».

Pourquoi Marx ? Parce qu'il est le maître essentiel de cette médiation qui nous rapproche incessamment du foyer de la production de l'ensemble de du monde (*Weltgeschichte*) de ce que Engels appelle « la métamorphose de la prétendue *chose en soi* en une *chose pour nous*, dans la mesure d'une *humanisation possible* de la nature[3] ». Si bien que le « symbole final de la réalisation du réalisant, c'est-à-dire du contenu-limite le plus radical dans le possible objectivement réel », sera un peuple libre sur un fondement libre [...][4] ». Ici, Ernst Bloch pense effectivement à la « société sans classes » de Marx, constituée d'hommes libérés de *l'aliénation* et de *l'exploitation capitalistes*, déployant sans contraintes leurs facultés créatrices dans un monde sans exploitation de l'homme par l'homme, sans domination, sans rapport *maître-esclave* et *sans violence*.

Avant de procéder à l'analyse du « Groupe relatif à la théorie de la connaissance », composé par les thèses 5, 1 et 3, Ernst Bloch évoque le problème épineux de la *classification* des thèses, qui est devenu, je le disais déjà, un objet de *controverses*, surtout après la publication du livre de Georges Labica consacré aux *XI Thèses de Marx sur Feuerbach*[5].

Pour résoudre ce problème, Ernst Bloch constate tout d'abord

---

1. Ernst Bloch, *op. cit.*, p. 280.
2. *Ibid.*
3. Ernst Bloch, *op. cit.*, p. 300.
4. Ernst Bloch, *op. cit.*, p. 306.
5. Cf. Georges Labica, *Les XI Thèses de Marx sur Feuerbach,* PUF, Paris, 1987, rééd. Éditions Syllepse, Paris, 2006.

qu'un regroupement thématique des thèses est absolument nécessaire, parce que ces thèses « se chevauchent et se recoupent à plusieurs reprises[1] ». Parce qu'« un même contenu se retrouve à plusieurs endroits et le fondement éventuel de leur classification et leur ordre de succession n'est pas toujours évident ». Par conséquent, il y aurait l'exigence didactique d'une répartition des *Thèses* en plusieurs groupes, basée sur une *affinité du contenu*[2].

On peut en effet, suggère Bloch, tenter de les classer dans leur ordre numérique, mais on pourrait aussi, ce que préfère apparemment Ernst Bloch, rassembler les thèses 1, 2 et 3 sous le titre *Unité de la thèse et de la Praxis dans la pensée*; les thèses 4 et 5 sous celui de la *Compréhension de la réalité dans les contradictions*; les thèses 6, 7, 8 et 9, sous celui de la *Réalité elle-même présente dans la construction* et les thèses 10 et 11, sous celui de *Lieu et tâche du matérialisme dans la société*[3]...

Or, Ernst Bloch, pensant qu'une *classification* selon l'ordre numérique est peu concluante et bien « trop formaliste », opte apparemment, contrairement à Georges Labica, pour une *classification autre*, à savoir pour une classification à partir de considérations *philosophiques* et *non arithmétiques*, selon les thèmes et contenus abordés par l'auteur.

Cela le conduira à classer finalement les *XI Thèses de Marx sur Feuerbach* dans les 4 groupes thématiques suivants :

1) *Le groupe relatif à la théorie de la connaissance : l'intuition et l'activité* (Thèses 5, 1 et 3)[4].

2) *Le groupe anthropologique-historique : traitant de l'aliénation et du vrai matérialisme* (Thèses 4, 6, 7, 9 et 10)[5].

3) *Le groupe relatif à la Théorie-Praxis : la preuve et la mise à l'épreuve* (Thèses 2 et 8)[6].

4) *Le mot d'ordre et ce qu'il signifie :* Thèse 11[7].

Regardons maintenant de près le premier groupe : *le groupe relatif à la théorie de la connaissance : l'intuition et l'activité* (Thèses 5, 1, 3).

---

1. *Ibid.*
2. *Ibid*
3. *Ibid*
4. Ernst Bloch, *Le Principe espérance*, t. I, p. 307 *sq.*
5. Ernst Bloch, *op. cit.*, p. 316 *sq.*
6. Ernst Bloch, *op. cit.*, p. 322.
7. Ernst Bloch, *op. cit.*, p. 330-338.

Ce qui caractérise l'analyse blochienne de ce groupe, c'est qu'il souligne tout d'abord le grand mérite de Feuerbach d'avoir, par la substitution des concepts hégéliens traditionnels d'« esprit » ou de « concept », par le concept d'*intuition sensible*, mis de nouveau le pied sur le sol, intuitivement perçu, tout en regrettant qu'en même temps ce sol reste pour lui encore assez « impraticable ». « Le sujet d'une telle intuition », dit-il, « ne tente même aucun mouvement, il se complaît dans cet état de jouissance [...] qu'est le sien[1] ».

Ce qui justifierait pleinement la critique de Marx exprimée dans la Thèse 5, soulignant que *l'intuition pure* « ne considère pas le monde sensible en tant qu'*activité pratique, concrète* de l'homme ». D'où le défaut de tout le *matérialisme passé*, consistant à ne « saisir le monde sensible que sous la forme d'objet et non pas en tant qu'*activité humaine concrète*, c'est-à-dire en tant que *praxis*, de façon non subjective ». Or, il s'agit, et sur ce point précis Ernst Bloch suit assez fidèlement l'argumentation de Marx, pour le *matérialisme dialectique*, de substituer la contemplation inactive, celle de *l'intuition pure* de l'idéalisme, par une connaissance où apparaît aussi le facteur de *l'activité humaine*[2]. Et cela, dans la connaissance concrète elle-même, à savoir dans la connaissance immédiate, fondamentale, initiale ; autrement dit, la *connaissance* comprise comme *connaissance active.* Mais que veut dire « active » et « activité » ? La réponse que donne Ernst Bloch à ce questionnement est tout à fait conforme à celle donnée par la sociologie de Marx qui est évidemment inspirée de la dialectique des *antagonismes* et de la *lutte des classes.* « En effet », dit-il, « cette notion présuppose l'existence d'une base constituée par une *société* dans laquelle la classe dominante se voit ou aimerait se voir active, c'est-à-dire travaillante[3] ». Et cette société est bien entendu la *société capitaliste*, celle des « forces productives déchaînées dans une société basée sur le profit [4] ». Cette « *vita activa* capitaliste se dressa contre l'oisiveté de l'aristocratie ainsi que contre la *vita contemplativa*, l'existence purement contemplative », celle du moine au monastère. Et elle comporte aussi, ce qui a été souligné par Max Weber, une dimension éthique, à savoir celle de « l'ethos du travail », celle préconisée

1. Ernst BLOCH, *op. cit.*,p. 307.
2. Ernst BLOCH, *op. cit.*, p. 308.
3. *Ibid.*
4. *Ibid.*

précisément par la réforme luthérienne, par Martin Luther, qui avec sa doctrine de la *grâce divine*, exprimait en termes théologiques cet impératif moral d'obtenir la grâce divine par le travail. Cela valait essentiellement pour la *classe bourgeoise ascendante des villes*, pour réaliser l'accumulation première servant à constituer le *Capital*, tandis que l'aile gauche de cette même *Réforme*, avec à sa tête Thomas Münzer, ne cessa d'inciter les paysans pauvres et surexploités, dans Allemagne du XVIe siècle à la *révolte contre les Seigneurs*, en s'appuyant sur les enseignements des prophètes de l'Ancien Testament.

Il y a donc, souligne Ernst Bloch, dans sa lecture des *Thèses 1, 3 et 5* de Marx sur Feuerbach, dépassement, par le rationalisme bourgeois, opposant, dans sa théorie de la connaissance, la notion de *production* et de logos du *travail* à celle de la *contemplation* passive de la théorie de la connaissance antique et médiévale (scolastique), fondée sur la simple réception des phénomènes ; il y a donc *dépassement*, au sens de la revalorisation du facteur *subjectif actif*. Ce qui est intéressant, dans ce commentaire blochien du premier groupe des *Thèses de Marx sur Feuerbach*, se référant à la théorie de la connaissance, c'est qu'en défendant le point de vue du matérialisme dialectique de Marx, Bloch critique non seulement le *platonisme*, cet idéalisme de la contemplation de l'antiquité grecque, symbolisé par la parabole platonicienne de la caverne, mais aussi *Démocrite*, ce premier grand matérialiste, auquel Bloch reproche de n'avoir eu qu'une conception trop *passive* de la connaissance et de ne pas avoir réfléchi au processus de travail[1]. À ce propos, il est surtout reproché à *Démocrite* que, pour lui, l'atomiste de l'Antiquité grecque, la connaissance de la réalité des atomes et de leur mécanisme « est considérée comme résultant de l'impression de petites images correspondantes (*eidola*) qui se détachent de la surface des choses et s'infiltrent dans le sujet qui perçoit et connaît[2] ». Il n'y aurait donc, en conséquence, du point de vue de *l'absence d'activité*, sur le plan de la *théorie de la connaissance*, aucune différence entre Platon et Démocrite. Tous deux seraient en outre reliés dans le contexte formé par la société esclavagiste, expliquant cette « absence de l'activité méprisée du travail dans la superstructure philosophique[3] » ; car, tandis que les *philosophes*, appartenant, dans la société antique, comme

1. *Op. cit.*, p. 309.
2. *Ibid.*
3. *Ibid.*

celle d'Athènes, à la classe supérieure, étant exemptés du travail, se disputaient dans l'*agora*, les esclaves travaillaient pour les nourrir ; et leur travail n'était pas du tout pris en considération par la classe supérieure dirigeant les affaires de l'État. Ce qui crée le paradoxe que « le rationalisme des temps modernes, qui est un idéalisme, a réfléchi plus intensément sur le travail, dans la théorie de la connaissance, que ne l'a fait le matérialisme – Feuerbach inclus[1] ». Or, et là intervient aussi le grand engouement de Bloch pour Hegel (Bloch a consacré un grand ouvrage sur Hegel, publié d'abord en traduction espagnole, au Mexique, en 1947, intitulé *Sujet, objet. Éclaircissement sur Hegel*[2] !) ; car pour Ernst Bloch la *Phénoménologie de l'Esprit* de Hegel est vraiment la première grande œuvre qui prend au sérieux la dynamique de la notion de *travail* (donc de *l'activité* humaine), dans la théorie de la connaissance, du moins sur le plan historico-idéaliste[3]. C'est bien lui, Hegel, qui le premier a dépassé définitivement le pathos de la production simplement mathématico-idéaliste qui caractérise la pensée des grands rationalistes du XVIIe siècle, celle de Descartes, de Spinoza, de Leibniz, tandis que Marx s'est absolument rendu compte, dès les *Manuscrits économico-philosophiques* de 1844, de l'importance de la phénoménologie hégélienne. Ici, le reproche est fait à Feuerbach de l'avoir complètement ignorée. Cela jette en effet une lumière sur le grand *défaut* de Feuerbach, le *défaut* de ce *matérialisme contemplatif* qui consiste en ce qui jusqu'à lui est resté absent du matérialisme, cette relation d'oscillation constante entre le sujet et l'objet qui s'appelle « travail[4] ». C'est cela la principale raison pour laquelle il ne saisit son objet, la réalité, le monde sensible, que sous la forme d'objet, en laissant de côté « l'activité humaine concrète[5] ». La phénoménologie hégélienne reflétait, comme le dit Marx, « le point de vue de l'économie nationale », alors que Feuerbach reflétait encore, sur le plan de la théorie de la connaissance, le point de vue de la *société esclavagiste* ou du servage, en raison de l'absence d'activité, du caractère trop contemplatif de son matérialisme[6]. Le problème crucial, la principale

1. Ernst BLOCH, *op. cit.*, p. 309.
2. Tr. fr., Maurice de GANDILLAC, Gallimard, Paris, 1980.
3. Ernst BLOCH, *op. cit.*, p. 310.
4. *Ibid.*
5. *Ibid.*
6. Ernst BLOCH, *op. cit.*, p. 311.

tare du matérialisme anthropologique de Feuerbach, serait donc que « bien que Feuerbach veuille renoncer à la pensée abstraite et remplacer les idées réifiées par des objets réels, il ne tient pas compte de l'activité humaine dans cette réalité[1] », notamment de *l'activité du travailleur* en tant que « producteur » et prisonnier pour ainsi dire du mode de production capitaliste et victime du désir effréné du capitalisme de maximiser le profit, par l'exploitation de la force de travail des ouvriers. Certes, Feuerbach s'affirme-t-il toujours, malgré cela, comme philosophe *matérialiste*, en prônant, comme Marx, dans sa théorie de la connaissance, le *primat de l'Être sur la conscience*, mais, objecte Ernst Bloch, « ici encore Feuerbach a emprisonné cette vérité dans une optique particulière, en exagérant son aspect mécaniste et en retranchant encore une fois la notion d'activité[2] ». Il ne veut pas bien admettre, contrairement à Hegel et surtout à Marx, la médiation avec le monde extérieur, par le travail, cette « médiation entre le sujet et l'objet qui elle aussi fait partie du monde extérieur[3] ». Or il est indéniable que le mode de production humain, que les échanges matériels avec la Nature et les rapports de production « renferment très clairement une part de conscience[4] ». Force est aussi de constater, et sur ce point précis Ernst Bloch s'installe exactement dans la même perspective que Marx, que dans la relation Être-Conscience, « la primauté reste à l'Être économique ». Pour Bloch, qui est hostile au *matérialisme vulgaire*, ce rapport ne doit absolument pas être interprété au sens d'un simple *reflet* (reflet au niveau de la conscience de l'Être économique ou social) ; et il se trouve confirmé en cela précisément par Marx qui, dans sa troisième *Thèse sur Feuerbach*, ne cesse de souligner « cette autre vérité tellement supérieure au matérialisme traditionnel antérieur selon laquelle les hommes transforment les circonstances et l'éducateur a lui-même besoin d'être éduqué[5] ». Mais il souligne en même temps qu'à ce propos Marx mène bien un combat sur deux fronts, « luttant aussi bien contre la théorie mécaniciste du milieu [...] que contre la théorie idéaliste du sujet qui conduit au

1. *Ibid.*
2. Ernst Bloch, *op. cit.*, p. 312.
3. Ernst Bloch, *op. cit.*, p. 313.
4. *Ibid.*
5. Ernst Bloch, *op. cit.*, p. 313.

particularisme ou tout au moins à un optimisme excessif de l'activité[1] ». L'originalité du *matérialisme de Marx*, donc d'un matérialisme beaucoup plus radical et matérialiste que celui de Feuerbach, consiste aussi dans le fait que pour lui-même *l'idée* dans la *théorie* est considérée comme une puissance matérielle, lorsqu'elle s'empare des masses. « Mais le facteur subjectif garde toujours sa place au sein même du monde matériel[2]. » Tout cela est confirmé non seulement par *L'Idéologie allemande* mais aussi par le *Capital* de Marx qui intègrent carrément *l'homme* dans le monde extérieur voire dans la *nature*. En agissant avec son corps, ses bras, ses jambes, en bref, sa *corporéité* sur la nature, il transforme en même temps sa propre nature[3]. Comme le souligne Ernst Bloch, « c'est là reconnaître que l'activité humaine et sa conscience sont parties intégrantes de la nature et y occupent une position essentielle en tant que *praxis bouleversante*, agissant à la base même de *l'Être matériel* qui à son tour conditionne en tout premier lieu la conscience de la génération suivante[4] ». C'est ce que Feuerbach n'a absolument pas vu, parce que pour lui l'homme n'est rien de plus qu'un être générique naturel[5]. C'est pourquoi « il fait fi de la praxis dans laquelle il ne voit qu'une occupation, une intuition pratique sordide..., entachée d'égoïsme[6] ». C'est évidemment à ce passage de *L'Essence du christianisme* de Feuerbach que Marx se réfère, lorsqu'il dit que chez Feuerbach, « la praxis n'est saisie et fixée que dans sa manifestation juive sordide[7] ».

En conclusion, Bloch souligne que face à ce déficit face à l'activité humaine, dans la théorie de la connaissance de Feuerbach, fondée sur l'intuition pure, Marx sentit tout de suite qu'il devait opposer à ce manque total de compréhension de la part de Feuerbach le pathos de l'activité révolutionnaire, de l'activité pratique critique[8]. C'est ainsi, dit-il, que Marx en tant que rationaliste, justement, insiste sur le fait que le facteur subjectif de l'activité de production est, précisément au sein de l'Être, lui aussi un facteur objectif au même titre

---

1. *Ibid.*
2. Ernst Bloch, *op. cit.*, p. 314.
3. Karl Marx, *Das Kapital*, I, Dietz, Berlin (DDR), 1947, pp. 185,187.
4. Ernst Bloch, *op. cit.*, pp. 314-315.
5. *Ibid.*
6. Cf. Ludwig Feuerbach, *L'Essence du christianisme* (1841), p. 264.
7. Ernst Bloch, *op. cit.*, p. 315.
8. *Ibid.*

que l'objet[1]. Remarque importante puisqu'elle renvoie à l'ontologie de Marx qui, précisément par cette insistance sur le *facteur subjectif* et sur le rapport dialectique sujet-objet, défie explicitement le matérialisme vulgaire qui lui, tient à l'élimination totale du facteur subjectif. Cela ne remet nullement en cause le théorème de Marx du *primat de l'être sur la conscience* (sur la pensée) qui n'est en rien un *factum brutum* ou une simple donnée, parce qu'il a tout à fait sa place dans une conception matérialiste de la praxis comme activité pratique critique révolutionnaire dans laquelle « l'homme travaillant », dans cette relation sujet-objet, fait partie de la base matérielle[2]. Sa conscience est certes déterminée par les conditions extérieures objectives du mode de production capitaliste, par l'environnement et les données subjectives d'une société divisée en classes, mais en s'impliquant avec son *travail* dans le processus de transformation de la matière et de la nature, sa *subjectivité* contribue de façon importante et essentielle à transformer le monde et avec cela aussi lui-même. Par conséquent, *l'ontologie marxienne* – et à ce propos il y a une convergence de vue absolue entre Ernst Bloch et Georges Lukács – ne peut pas être comprise sans prise en considération de ce facteur subjectif.

Passons maintenant à l'analyse du *deuxième groupe des Thèses*, selon la classification choisie par Ernst Bloch, à savoir du groupe *anthropologique-historique*, traitant de *l'aliénation* et du vrai matérialisme (à savoir des Thèses, 4, 6, 7, 9 et 11) !

La lecture blochienne des thèses de ce groupe, constituant à vrai dire le *vrai centre philosophique* des *XI Thèses de Marx sur Feuerbach*, est importante, dans la mesure où elle représente vraiment une des meilleures interprétations de la critique anthropologique de la *religion* par Feuerbach. Cette critique anthropologique est évidemment focalisée sur la critique de la *religion* comme *aliénation*. Au centre même de cette critique anthropologique figure la thèse de Feuerbach que les dieux ne sont pas seulement l'hypostase d'un désir utopique, d'un souhait ; ils sont « les désirs profonds [de l'homme] métamorphosés en êtres réels », en vertu de quoi « l'homme transpose la meilleure partie de soi-même, de ce monde-ci, dans un au-delà surnaturel[3] ». Par conséquent, il s'agit, pour le philosophe *matérialiste* Feuerbach

1. *Ibid.*
2. Ernst Bloch, *op. cit.*, p. 316.
3. Ernst Bloch, *op. cit.*, p. 316.

« de mettre fin à cette aliénation, autrement dit de ramener par une critique anthropologique..., le ciel au niveau de l'homme[1] ». Cette « déconstruction » matérialiste de la métaphysique et des dogmes théologiques par Feuerbach avait été perçue par les contemporains de Feuerbach, au milieu du XIXe siècle, comme une démarche tout à fait « révolutionnaire » de la part d'un penseur issu de la *gauche hégélienne*, mais pour Marx cette démarche démystificatrice, exprimée dans le livre *L'Essence du christianisme* de 1841, est aux yeux d'Ernst Bloch insuffisante au fur et à mesure où cette critique feuerbachienne de l'aliénation religieuse n'est appliquée par l'auteur de *L'Essence du christianisme* qu'à l'homme seul, qu'au genre humain abstrait, isolé de toute structure historique et sociale[2]. C'est la raison pour laquelle Ernst Bloch qui adhère totalement à cette critique de Marx, tient à souligner, dans son commentaire, cette phrase importante de la sixième *Thèse sur Feuerbach* qui affirme : « Mais l'essence humaine n'est pas une abstraction inhérente à l'individu isolé. Dans sa réalité, il est l'ensemble des rapports sociaux[3]. » En comparant cette position de Feuerbach au *stoïcisme* et en reprochant à Feuerbach de s'être « avant tout rallié au néo-stoïcisme, tel qu'il était apparu... dans la bourgeoisie des temps modernes[4] », Ernst Bloch prend ici énergiquement parti, dans sa critique, en faveur de Marx qui avait explicitement critiqué cette « abstraction planant au-dessus des individus », tout en définissant *l'essence humaine*, contrairement à Feuerbach, comme « *l'ensemble des rapports sociaux*[5] » ; car, ni pour Marx ni pour Bloch il ne peut y avoir une « humanité en soi », en dehors de l'histoire et en dehors des rapports de production existants. À ce propos, Bloch tient ainsi à souligner que l'expression « humaniste réel » est définitivement abandonnée par Marx, dans *L'Idéologie allemande*, en vertu de la volonté d'éliminer tout vestige de la démocratie bourgeoise, c'est-à-dire de l'adoption du nouveau point de vue « prolétarien révolutionnaire » et de la création du « *matérialisme-historique*[6] ». *L'humanisme* n'est désormais admis et défendu par Marx qu'en

1. *Ibid.*
2. *Ibid.*
3. Ernst BLOCH, *op. cit.*, p. 316.
4. *Ibid.*
5. Ernst BLOCH, *op. cit.*, p. 317-318.
6. *Ibid.*

tant qu' « humanisme socialiste », c'est-à-dire au sens de la dixième Thèse identifiant le point de vue du nouveau matérialisme avec « la société humaine ou l'humanité socialiste ». « *L'humanité* ne fera désormais partie chez Marx d'aucune généralité existante, mais suit plutôt un processus difficile et ne sera gagnée que par le communisme et se confondra avec lui[1] ». Plus le socialisme est scientifique, plus il est concrètement centré sur le souci de l'homme, plus il vise par des moyens concrets à la suppression réelle de son *aliénation*. Mais « non à la manière de Feuerbach qui fait de l'homme un genre humain abstrait[2]... » Marx fait donc « redescendre l'homme idéal-générique [de Feuerbach], planant au-dessus des individus, sur le sol ferme de l'humanité réelle et de l'humanité possible[3] ».

Pour revenir à la critique de *l'aliénation religieuse* de Feuerbach par Marx, on voit bien Bloch, dans ce volume premier du *Principe Espérance*, prendre à ce sujet encore une fois la défense du matérialisme dialectique et historique, en soulignant, dans ce deuxième volet de son commentaire des *XI Thèses de Marx sur Feuerbach*, que le mot d'ordre de Marx disant qu'il faut « prendre les choses à la racine », signifie concrètement que « la critique de la religion requiert la critique des conditions ayant mené à l'élaboration du ciel, la critique de leur état de détresse, de leurs contradictions et de la solution fausse et illusoire apportée à cette contradiction[4] ». Bloch nous rappelle à ce sujet que Marx avait déjà défendu cette thèse, sans aucune ambiguïté de ce point de vue, dans *L'Introduction à la Critique de la philosophie hégélienne du Droit* (1843), en soulignant que la critique de la religion aboutit chez Marx à « l'impératif catégorique ordonnant de renverser toutes les conditions qui font de l'homme un être avili, asservi, abandonné, méprisable[5] ». Il ne relève donc pas du tout du hasard que Bloch s'identifie alors totalement avec cet *impératif catégorique* reformulé par Marx, dans la perspective d'une philosophie sociale matérialiste préconisant *l'émancipation du prolétariat*, de la classe *travailleuse*, de la *classe ouvrière*, et qu'il va même jusqu'à s'en réclamer,

1. *Ibid.*
2. *Ibid.*
3. Ernst Bloch, *op. cit.*, p. 319.
4. *Ibid.*
5. K. Marx, *Introduction à la Critique de la Philosophie hégélienne du Droit* (1843), MEW 1, Dietz, Berlin (DDR), pp. 378-391.

explicitement, non seulement dans ce chapitre du *Principe Espérance*, mais dans pratiquement tous ses livres, dans toute son œuvre, riche de seize grands volumes[1]. C'est la raison pour laquelle Bloch fait tout à fait sienne la thèse de Marx que l'analyse de l'aliénation religieuse doit être véritablement « radicale », qu'elle doit considérer, au-delà des idéologies, le phénomène plus proche qu'est le rôle de l'État et celui encore plus proche de l'économie politique, pour accéder de la sorte seulement à « l'anthropologie réelle[2] ».

Celle-ci devrait donc, en conséquence, n'avoir plus rien de commun avec celle de Feuerbach, « penseur antihistorique et antidialectique », puisqu'il s'agit désormais de définir *l'aliénation religieuse* comme un produit social, comme le souligne à juste titre la Thèse 7. Et cette argumentation sera reprise , comme nous l'indique Bloch, par le *Capital* (le Livre I) où Marx revient pour ainsi dire à la charge sur Feuerbach, en réaffirmant, à propos du problème de *l'aliénation religieuse* (citation reprise par *Ernst Bloch*), « qu'il est en effet beaucoup plus facile de retrouver par l'analyse le noyau terrestre des nébuleuses élucubrations religieuses qu'à l'inverse de développer dans chaque cas particulier des conditions de vie réelle, leurs manifestations célestes. Cette dernière méthode est la seule qui soit matérialiste et dès lors scientifique[3]. »

Ce sont, complète Bloch, dans son commentaire des XI Thèses, ces affirmations catégoriques et claires de Marx, précisément, à propos de l'omission, dans le matérialisme feuerbachien, de la *société*, de *l'histoire* et de sa *dialectique* ; c'est cette *absence de vie* qui en découle et caractérise l'ancien matérialisme mécaniciste, le seul qu'ait connu Feuerbach, qui déterminent forcément, chez ce philosophe, à la fin de sa philosophie, une idéalisation quelque peu embarrassée[4].

Certes, la contribution de Feuerbach à la critique de la religion, du point de vue d'un matérialisme anthropologique, est importante, mais, paradoxalement, « la religion dont Feuerbach était apparemment venu à bout, refait encore surface sous forme de religion simplement détournée vers l'anthropologie, sans avoir été critiquée sur

1. Cf. Ernst Bloch, *Gesamtausgabe* (Œuvres complètes) en 16 volumes, Suhrkamp, Francfort-sur-le-Main, 1959-1978.
2. Ernst Bloch, *Le Principe Espérance*, vol. I, Gallimard, Paris, 1976, p. 320.
3. K. Marx, *Le Capital*, I, MEW 23, Dietz, Berlin (DDR), 1968, p. 389.
4. Ernst Bloch, *op. cit.*, p. 321.

le plan social[1] ». Feuerbach se limitant trop et exclusivement – et à ce propos, il y a une convergence quasi totale, entre le point de vue de Bloch et de Marx – à critiquer « la transposition des contenus religieux dans l'au-delà[2] ». Mais peut-on vraiment parler, comme le suggère Bloch, à ce propos, de « théologie du cœur[3] » ?

Ernst Bloch semble en être convaincu, ce qui expliquerait aussi pourquoi il accuse en effet Feuerbach, dans le prolongement direct des critiques déjà exprimées par Marx, d'avoir « maintenu tout l'appareil théologique », de n'avoir que « transposé son siège céleste dans une certaine région abstraite où trônent, réifiées, les vertus de la « base naturelle[4] ».

Force est de souligner aussi le caractère à la fois catégorique et solennel de la conclusion de l'analyse blochienne de ce groupe de cinq thèses, constituant à lui seul le véritable *cœur philosophique* des *XI Thèses de Marx sur Feuerbach*. Cette affirmation est importante et aussi tout à fait caractéristique du *marxisme* d'Ernst Bloch, affirmé, évidemment, dans le sillage fidèle de Marx et d'Engels, mais prenant en même temps ses distances par rapport au marxisme vulgaire et trop dogmatisé.

Citons pour l'exemple un passage tout à fait caractéristique : « Le marxisme n'est pas, en considération de la religion, un "idéalisme en avant", c'est un *matérialisme-en-avant*, c'est le *matérialisme dans sa plénitude*, sans ciel mal démystifié, qu'il faudrait encore faire redescendre sur terre. L'explication véritablement totale du monde à partir de lui-même, explication qui porte le nom du *matérialisme dialectique historique*, suppose aussi la métamorphose du monde à partir de lui-même. Métamorphose en un monde au-delà de l'oppression qui n'a plus rien de commun avec l'au-delà mythologique, ni avec son Père et le Seigneur[5]. »

C'est la troisième section de la lecture blochienne des *XI Thèses de Marx sur Feuerbach* qui est de la plus grande importance pour la définition d'une *philosophie de la praxis marxiste* par Ernst Bloch, dans la mesure où il s'agit ici d'un commentaire exprimant et analysant

1. *Ibid.*
2. Ernst Bloch, *op. cit.*, p. 321.
3. *Ibid.*
4. *Ibid.*
5. Ernst Bloch, *op. cit.*, p. 322.

en profondeur le rapport dialectique de la théorie à la praxis, à la lumière du matérialisme de Marx, à partir d'une lecture très originelle des Thèses 2 et 8, constituant ce qu'il appelle le « Groupe relatif à la Théorie-Praxis : la preuve et la mise à l'épreuve[1] ».

Selon Bloch, le mouvement théorique important effectué par rapport à Feuerbach, consiste avant tout dans le fait qu'une pensée abstraite (celle de Feuerbach) devient, sous la plume de Marx, pensée médiatisée, concrète, ce qui entraîne comme conséquence que le sensible n'est désormais seulement intéressant qu'en tant que chose pour nous[2]. C'est cela, en fin de compte, la praxis initialisée par la théorie, gagnée par la théorie, au fur et à mesure où « la fonction pensante devient ainsi, plus encore que l'intuition sensible, une activité, une activité critique, pénétrante, révélante[3]. »

Mais quel est le rôle de la *vérité* (*aletheia*), dans cette fonction pensante définie comme *activité critique et révélante* ? La vérité n'est désormais, pour le nouveau matérialisme, pas seulement une affaire de la théorie ; elle ne peut que « découler du rapport théorie-praxis[4] ». Autrement dit, la question de savoir si la pensée humaine peut aboutir ou non à une vérité objective n'est pas une question théorique, mais une question *pratique.* C'est dans la *pratique* qu'il faut que l'homme prouve la vérité, c'est-à-dire la réalité et la puissance, l'en-deçà de sa pensée. « La discussion sur la réalité ou l'irréalité de la pensée, isolée de la pratique, est purement scolastique[5]. »

Le proverbe anglais dit : « *The eating is the proof of the pudding !* » (« La preuve de l'existence du pudding est qu'il sera mangé »). C'est exactement dans la même perspective que Bloch s'efforce de cerner, dans le sillage théorique de Marx et d'Engels, l'essence même de la *praxis* par rapport à la théorie. Son but est clair : il s'agit de libérer tout d'abord la vérité de cette espèce d'« intuition contemplative » dans laquelle l'avait enfermée la pensée scolastique ; il s'agit ensuite de libérer l'activité « sous sa forme bourgeoise et abstraite » et de substituer « la praxis conçue comme simple application de la théorie par une *praxis transformatrice du monde*, désormais comprise comme

1. *Op. cit.*, p. 322-330.
2. *Op. cit.*, p. 322.
3. Ernst Bloch, *op. cit.*, p. 322.
4. Ernst Bloch, *op. cit.*, p. 323.
5. *Ibid.*

confirmation de la théorie et attestant qu'elle est bel et bien concrète chez Marx, non « comme transformation de la clé en levier, mais comme passage de la reproduction vraie à la puissance d'intervention dans l'Être[1] ».

Et pourvu que ce passage puisse se produire réellement, il faut que « la pensée juste et l'acte juste ne fassent qu'un[2] ».

C'était déjà un peu le cas dans l'Antiquité grecque, lorsque Platon a voulu réaliser son État utopique en Sicile[3]. Ou bien aussi à l'époque de la Renaissance, chez Bacon, lorsqu'il voulait, tout en restant hostile à la connaissance purement contemplative, « donner à la Science de nouveaux fondements[4] ». Mais de tous les philosophes de l'idéalisme allemand, c'est bien Hegel qui se rapproche le plus de cette conception nouvelle et révolutionnaire de *l'unité de la théorie et de la praxis*, précisément à propos de la relation du *travail* traitée dans *La Phénoménologie de l'esprit*, parce que chez Hegel « s'effectue le plus le passage de « l'esprit théorique » (pensée) à l'antithèse qu'est « l'esprit pratique, comme volonté qui se pense et qui se sait et qui, finalement, dans "l'État rationnel", veut ce qu'elle sait, et sait ce qu'elle veut[5] ». Il y avait donc déjà, chez Hegel, cette idée de la supériorité de « l'idée pratique » sur l'idée de la connaissance contemplée, reconnaissant au Bien pratique « non seulement la noblesse de l'universel mais aussi le réel sans plus[6] ».

Et cela est bien la preuve, affirme Bloch, en citant Lénine (*Les Œuvres philosophiques*) que pour Hegel, la *praxis* constitue un chaînon dans l'analyse du processus de la connaissance... Marx poursuit donc l'œuvre de Hegel lorsqu'il introduit le critère de la *praxis* dans la théorie de la connaissance, ce qui n'empêche cependant pas Hegel dont la pensée constitue pour ainsi dire « le sommet (absolu) de l'idéalisme allemand, de ramener le monde, dans la *Phénoménologie de l'Esprit*, comme à la fin de la grande *Logique*, presque totalement au sujet[7] ». Par conséquent, ce n'est pas la *praxis* mais la rétrospection

1. Ernst Bloch, p. 323.
2. *Ibid.*
3. Ernst Bloch, *op. cit.*, p. 324.
4. *Ibid.*
5. Ernst Bloch, *op. cit.*, p. 325.
6. G.W.F. Hegel, *Phénoménologie de l'Esprit,* vol. 2 , tr. fr. Jean Hyppolite, Aubier-Montaigne, « Bibliothèque Philosophique », Paris, 1999, p. 167 *sq.*
7. Ernst Bloch, *op. cit.*, p 325.

intériorisée qui couronne la vérité, « la science du savoir qui se manifeste et rien d'autre[1] ».

Comme Bloch le met en évidence, dans son commentaire, il y avait, évidemment, dans la *gauche hégélienne*, et notamment chez Cieskowski, chez Bruno Bauer et chez Moses Hess, une forte volonté de dépassement de cette « crypto-praxis » hégélienne par l'esquisse d'une *philosophie de l'action*, mais ce n'est que Marx qui a réussi, réellement, ce dépassement, puisque chez Cieskowski, le renoncement à la spéculation se changea en renoncement à la raison, toute « la volonté d'avenir aboutit à une théosophie[2] », et puisque chez Moses Hess, le célèbre auteur de *Rome et Jérusalem* (1862) (socialiste et sioniste, contemporain de Marx), la *philosophie de l'action*, conçue comme une « réforme de la conscience sociale », ne s'appuyait sur aucune théorie économique élaborée[3].

Seulement chez Marx, *théorie et praxis* oscillent constamment, la praxis présupposant une théorie qui, elle, a besoin d'une théorie nouvelle pour le développement d'une praxis nouvelle[4], etc. C'est par le truchement d'un processus infini d'affirmations et de négations, que la théorie s'enrichit et se transforme constamment par la *praxis*, comme celle-ci est perpétuellement métamorphosée par la théorie. C'est cette oscillation permanente qui caractérise la *lutte des classes* comme *praxis d'émancipation collective* du prolétariat, telle que l'ont défendue Marx et Engels, par exemple dans *Le Manifeste communiste* (1847). Et cette *praxis* qui met définitivement fin à tout mysticisme et à tout pragmatisme ambigu, est tout à fait conçue non pas comme une pratique de « l'amour abstrait et déclamatoire » (celle, défendue, entre autres, par Feuerbach, dans ses *Principes de la philosophie de l'avenir* (1846)), mais comme une *praxis rationnelle* qui est, toujours selon Ernst Bloch, *la seule solution humaine*, « celle qui s'attaque à l'humanité[5] ».

C'est la raison pour laquelle la doctrine de *l'amour abstrait* (universel) de Feuerbach doit être classifiée comme « mystique » (mysticisme), parce qu'« elle est incapable de produire le glaive qui

1. *Ibid.*
2. Ernst BLOCH, *op. cit.*, p. 326.
3. Ernst BLOCH, *op. cit.*, p. 327.
4. *Ibid.*
5. Ernst BLOCH, *op. cit.*, p. 329

toucherait le nœud gordien[1] ». Certes Feuerbach se trouve, malgré tout, « sur cette voie allemande du salut, qui mène de Hegel à Marx, mais c'est bien le dévoilement du sentimentalisme de Feuerbach qui incite Marx à critiquer et à attaquer violemment cette “tardive praxis des cœurs” qui n'engendre que le contraire de ce que recherchait l'altruisme qu'elle prêchait, avec son amour immensément universel[2] ». Autrement dit : « Sans partialité du point de vue révolutionnaire de classes, il n'y a plus qu'un *idéalisme* en arrière au lieu d'une praxis en avant[3]. » C'est dans la théorie marxiste au service de la praxis que *l'éthique* – évoquée, entre autres, par Hess et Feuerbach – se fait chair.

C'est avec ces réflexions que Bloch construit la transition et jette le pont vers le quatrième et dernier groupe des *XI Thèses sur Feuerbach* de Marx, intitulé *Le mot d'ordre et ce qu'il signifie – la Thèse 11*, vers cette onzième thèse qui ne comporte qu'une seule phrase : « *Les philosophes n'ont fait qu'interpréter le monde de diverses manières, mais ce qui importe c'est de le transformer.* » Cette phrase, cette sentence célèbre de Marx était d'ailleurs, à l'époque de la RDA (soit dit ici, pour la circonstance), gravée en grand sur le portail d'entrée de *l'Université Humboldt* de Berlin-Est, la plus grande et la plus importante université d'Allemagne de l'Est. (Elle a été enlevée après la réunification de l'Allemagne, en octobre 1990.) Le fait qu'Ernst Bloch consacre *huit pages et demie* à sa lecture et son interprétation est tout à fait paradigmatique de l'importance qu'il attache à cette conclusion de Marx, qui est pour ainsi dire symbolique et pragmatique pour la *quintessence de sa philosophie critique et sociale*, ayant valeur de *manifeste*. Dès le début de son commentaire, Ernst Bloch analyse la fonction philosophique politique exceptionnelle de cette phrase, à savoir le fait qu'il s'agit là d'une véritable coupure, d'une *rupture* (si vous voulez) avec la tradition philosophique, en bref, d'un texte qui « établit vigoureusement une distinction nette avec tout autre mouvement de pensée jusqu'à ce jour[4] ».

Comme tous les autres commentateurs de ces Thèses, surtout Georges Labica, en France, Ernst Bloch se questionne tout d'abord : « Que veut exactement dire la *Thèse 11* ? Comment doit-on la comprendre pour ne pas trahir le sens de la précision philosophique qui

1. *Ibid.*
2. Ernst Bloch, *op. cit.*, p. 330
3. *Ibid.*
4. Ernst Bloch, *op. cit.*, p. 331.

caractérise Marx[1] ? » À cette interrogation, Bloch nous donne la réponse suivante : il importe d'abord de souligner « qu'il n'y a dans cette *onzième Thèse* aucun rapport avec le *pragmatisme* et surtout pas avec le pragmatisme américain fondé sur l'opinion que la vérité n'est rien d'autre que la qualité qu'ont les idées de se prêter à leur utilisation commerciale[2] ». Le philosophe américain qui est ici visé, ce n'est pas *Peirce*, considéré comme le grand-père fondateur du pragmatisme anglo-saxon, mais plutôt *William James*, l'auteur du livre *Pragmatism*, publié à New York, en 1907, un livre qu'Ernst Bloch a bien pu lire et consulter, pendant son exil américain, à la bibliothèque de l'Université Harvard, à Boston. (Il habitait, jusqu'en 1949, à Marlborough, dans l'État du Massachusetts, tout près de Boston ; c'est de là qu'il se rendait, régulièrement, en autobus, à la Bibliothèque universitaire de Harvard ; c'est là qu'il a écrit, dans la plus grande solitude, son œuvre majeure *Le Principe Espérance*. William James incarnait pour ainsi dire l'« *american way of life* », « avec une bonne dose d'optimisme vital et progressif[3] » ; c'était « l'homme d'affaires de type supérieur qui voyait son succès garanti sur le plan humain[4] ». (Selon Ernst Bloch, ce *pragmatisme* n'était que le « dernier agnosticisme d'une société dépourvue de toute volonté de vérité[5] ». Ce n'était rien d'autre, aux yeux du philosophe marxiste allemand, qu'une « idéologie de maquignon[6] », autrement dit, un « mensonge servant les intérêts du capitalisme[7] ».)

Ce qui est intéressant, c'est qu'Ernst Bloch, dans sa réfutation catégorique du « practicisme » et du *pragmatisme utilitariste* de William James et de ses acolytes, déclarera aussi, dans ce contexte précis, la guerre à un autre *pragmatisme*, à savoir au pragmatisme *réformiste* des socialistes, des *sociaux-démocrates*, qui sont accusés d'avoir installé, au cœur même de la clarté marxiste, les « ténèbres de leur propre ignorance et du ressentiment[8] », en rappelant que « chez Marx une pensée est non pas *vraie* parce qu'elle est *utile*, mais utile

---

1. *Ibid.*
2. *Ibid.*
3. Ernst Bloch, *op. cit.*, p. 332.
4. *Ibid.*
5. *Ibid.*
6. *Ibid.*
7. *Ibid.*
8. Ernst Bloch, *op. cit.*, p. 333.

parce qu'elle est vraie », et confrontant ce pragmatisme qui est aussi, comme le souligne Walter Benjamin, fondé sur un optimisme du *progrès continu* (qui n'est plus justifiable, à la lumière des *catastrophes* qui se sont produites au XXe siècle), en confrontant ce réformisme avec les affirmations respectives de Marx et de Lénine, condamnant tous deux cette fausse interprétation de la Thèse 11 de Marx, une « interprétation qui », dit-il, « conduit de façon grotesque à l'abdication de la philosophie, à une sorte de pragmatisme anti-bourgeois[1] ».

Et avec une allusion assez claire au livre *La Destruction de la raison* de Georges Lukács, Ernst Bloch constate à ce propos que « la *banalité* est elle aussi une *contre-révolution* dirigée contre le marxisme[2] ». Or c'est bien Marx qui a le grand mérite d'avoir désigné, précisément avec ces *XI Thèses sur Feuerbach*, la connaissance non contemplative « comme nouvel étendard menant à la victoire[3] » ; car son œuvre principale, *Le Capital*, formulait des directives pour *l'action*, non pas pour l'action individuelle, orientée vers des buts proches, mais pour *l'action collective émancipatrice*, autrement dit, pour une action, consacrée à « l'exploration philosophique des rapports les plus complexes de la réalité. Elle met le cap sur la nécessité comprise, sur la connaissance des lois dialectiques du développement de la nature et de la société tout entière[4] », en mettant le cap sur une philosophie nouvelle, active, sur une philosophie aussi indispensable qu'apte à transformer le monde[5].

En bref, « la véritable nouveauté de la philosophie marxiste consiste [donc] dans le changement radical de son fondement ainsi que dans sa mission à caractère politico-révolutionnaire[6] ».

C'est cette mission politico-révolutionnaire qui nous guidera, dans la transformation du monde, dans cette perspective précise, vers le règne de la liberté qui ne peut s'opérer que grâce à une connaissance solide de la nécessité[7]. C'est elle qui est, pour ainsi dire, le moteur de la philosophie et de la théorie sociale révolutionnaire de Marx et de Lénine. Cette transformation philosophique est « la conscience

1. Ernst Bloch, *op. cit.*, p. 334.
2. *Ibid.*
3. *Ibid.*
4. *Op. cit.*, p. 334-335.
5. *Op. cit.*, p. 335.
6. *Op. cit.*, p. 337.
7. *Ibid.*

progressante du *Totum* progressant, ce *Totum* qui n'est pas encore lui-même « factum » mais évolue en même temps que le non-encore devenu dans... le Devenir[1] ». Elle s'effectue essentiellement à l'horizon de l'avenir[2]. Et c'est dans ce cadre conceptuel précis qu'Ernst Bloch esquisse le *marxisme*, la science du matérialisme historique et dialectique, comme *philosophie de l'avenir* qui s'installe aussi clairement dans la perspective de Marx que, comme Marx le souligne dans les *Manuscrits de 1844*, l'abolition du *prolétariat* doit coïncider avec le dernier acte du *communisme*, dans une perception... ouverte à « l'ultime *eschaton* philosophique, c'est-à-dire de l'avènement d'une société qui réalise la con-substancialisation de l'homme et de la nature, à savoir la « naturalisation de l'homme et l'humanisation de la nature[3] ».

C'est cette affirmation solennelle qui jette en effet un pont vers la conclusion de ce commentaire des *XI Thèses de Marx sur Feuerbach*, par l'auteur du *Principe Espérance* qui, après avoir constaté encore une fois que « le monde ne peut être transformé sans que soit d'abord saisi l'horizon de la possibilité objective qu'il renferme[4] », réaffirme, contrairement aux défenseurs du « pessimisme civilisationnel » de *l'École de Francfort*, sa confiance dans le *progrès de l'humanité*, puisque le nouveau savoir, rendu possible par la *dialectique marxiste*, est devenu événement (*Ereignis*), mais « un événement qui n'est qu'une progression [...] dans le monde qui peut être transformé suivant ses possibilités implicites de bonheur[5] ». Confiance dans le progrès et dans la force créatrice de la dialectique marxiste de la praxis qui autorisera aussi Ernst Bloch de conclure que « l'ensemble des *Onze Thèses* proclame donc : c'est l'humanité socialisée en alliance avec une nature médiatisée avec elle qui permet la transformation du monde, en vue d'en faire le Foyer (*Heimat*, "patrie"), c'est-à-dire le lien de l'identité avec soi-même et avec les choses[6] ».

Or, avec cette phrase, Ernst Bloch anticipe directement sur la conclusion solennelle du troisième volume du *Principe Espérance* qui reprend, pratiquement en des termes identiques, cette affirmation

---

1. *Op. cit.*, p. 338.
2. *Ibid.*
3. Karl Marx, *Manuscrits de 1844*, p. 16.
4. Ernst Bloch, *Le Principe Espérance*, vol. I, p. 344.
5. *Ibid.*
6. Ernst Bloch, *op. cit.*, pp. 344, 345.

figurant à la fin du chapitre 19 du premier volume du *Principe Espérance*, consacré à la « transformation du monde » et aux *Onze Thèses de Marx sur Feuerbach*, car elle reprend exactement la même réflexion sur la nécessité de la transformation du monde en *foyer* (patrie), à savoir dans le lieu de « *l'identité avec soi-même et avec les choses* », mais en rajoutant le terme de « vraie démocratie » qu'on ne trouve pas dans le chapitre 19. Or ce complément est important car il exprime le défit lancé de la part d'Ernst Bloch à l'adresse d'un marxisme-léninisme trop dogmatisé, figé dans une orthodoxie immobile qui a en effet su se servir de la doctrine et des écrits de Marx et de sa dialectique matérialiste pour ériger au nom de la « dictature du prolétariat » une dictature bureaucratique des apparatchiks qui était absolument irrespectueuse à l'égard des droits de l'homme et de la démocratie et qui n'avait plus rien en commun avec la vision marxienne d'une société fraternelle, libérée, désaliénée, ayant définitivement mis fin à toutes les formes de l'exploitation et de domination de l'homme par l'homme. C'est ce qu'Ernst Bloch a d'ailleurs aussi souligné et rappelé dans son grand discours prononcé le 18 mai 1968 à l'occasion du 150e anniversaire de la naissance de Karl Marx, au Théâtre Municipal de Trèves (Trier), la ville natale de Karl Marx.

Voilà donc la fin solennelle, le dernier paragraphe concluant le volume 3 du *Principe Espérance* :

> « Le propos ultime de Marx était le développement de la richesse de la nature humaine ; cette richesse *humaine* ainsi que celle de la nature en général sont exclusivement contenues dans la *tendance-latence*, où le monde se trouve – *vis-à-vis de tout.* Dans cette perspective il apparaît alors que l'homme vit encore partout dans la préhistoire, que toute chose se trouve encore avant la création du monde, s'entend d'un monde de bon aloi. *La genèse réelle n'est pas au début, elle est à la fin*, et elle ne commencera à commencer que lorsque la société et l'existence deviendront radicales, autrement dit se saisiront à la racine. Or, la racine de l'histoire, c'est l'homme qui travaille, qui crée, qui transforme et dépasse le Donné. Dès qu'il se sera saisi et qu'il fondera ce qui est sien dans une *démocratie réelle*, sans dessaisissement et sans *aliénation*, naîtra dans le monde quelque chose qui nous apparaît à tous dans l'enfance et où personne encore n'a jamais été : le Foyer (*Heimat*)[1]. »

1. Ernst Bloch, *Le Principe Espérance*, t. III *(Les images-souhait de l'Instant exaucé)*, trad. de l'allemand par Françoise Wuilmart, Gallimard, Paris, 1991, p. 560.

IV
Praxis et experimentum mundi

L'ŒUVRE d'Ernst Bloch s'achève avec la publication, en 1975, du livre (son tout dernier livre, publié deux ans avant sa mort, en 1977) *Experimentum Mundi*, un livre dont le but était non seulement l'élaboration d'un nouveau système des *catégories philosophiques*, à savoir de catégories en tant que « figures processuelles d'un être processuel », dans le prolongement d'une *ontologie du non-encore-être*, à savoir des *catégories* jetant un pont entre les « formes intellectuelles objectives » et la « possibilité objective réelle », mais aussi l'esquisse d'une *philosophie de la praxis* destinée à compléter celle déjà esquissée dans le tome premier du *Principe Espérance*, avec la lecture des *XI Thèses de Marx sur Feuerbach*. Ici, sa perspective est toujours marxiste, mais en même temps, à la différence précisément du 19e chapitre du *Principe Espérance*, son approche est maintenant beaucoup plus *ontologique*, et, pourrait-on presque dire, « pré-existentialiste ». Pourquoi ?

1) Parce que, pour Ernst Bloch, le passage de la *théorie* à la *pratique* est désormais, pour le sujet, pour l'individu, « le fait d'une ultime violence, d'une ultime élévation, de celle de la théorie vers la réalisation », dans le cadre d'une conception du monde « en question », d'un monde « ouvert », d'un monde en « expérimentation permanente[1] ».

2) Parce que son point de départ n'est plus le « prolétariat » se constituant en « classe révolutionnaire », pour secouer les chaînes du mode de production capitaliste ; son point de départ n'est plus la réflexion sur le « faux » matérialisme (anthropologique) de

1. Ernst BLOCH, *Experimentum Mundi (Question, catégories de l'élaboration, praxis)*, trad. de l'allemand par Gérard Raulet, Payot, Paris, 1981, p. 230 *sq.*

Feuerbach et sa substitution par le vrai matérialisme dialectique et historique de Marx et d'Engels ; son point de départ ontologique existentiel est ici, paradoxalement, pourrait-on dire, comme chez Heidegger, comme chez Sartre, le *Moi*, le *Je suis*, ce « suis » (*sum*) qui est « pour-soi si obscur[1] » Il s'agit de « l'obscur du moment vécu », dont il est question dans *Le Principe Espérance* et déjà dans l'*Esprit de l'Utopie* (1918), à savoir, de ce « je suis » qui n'est pas réductible au « *Cogito ergo sum* » cartésien, mais qui est conçu comme un « Je suis » *qui ne se possède pas encore*, qui est pour ainsi dire « en pleine fermentation, qui par excès de proximité ne peut se voir et veut sortir de cette *immédiateté* qui est la *mienne*[2] ». C'est en ces termes qu'Ernst Bloch décrit et analyse, dès le premier chapitre introductif d'*Experimentum Mundi*, ce moment *ontologique subjectif existentiel* que Sartre décrit dans les termes de *l'homme-en-situation*, et Heidegger[3], dans les termes de *l'être-jeté-dans-le-monde* (*Geworfenheit*) (*Sein und Zeit*). En même temps, Ernst Bloch approche, avec ce concept, aussi Platon, en le rapprochant explicitement du *thaumazein* (étonnement) platonicien qui caractérise le début du *commencement* de tout *philosopher*. Or, dans la « rotation » qui nous fait sortir de nous-mêmes dans le monde et vers la pratique, *l'étonnement* continue de nous travailler, non seulement à titre de commencement, mais en accompagnant toute chose de sa question irrésolue. « Il porte sur l'obscurité de l'instant qui se vit dans l'ici-maintenant de tout ce qui apparaît. C'est le point zéro qui est certes encore assez vague, mais c'est quand même une *proximité* qui devrait être le lieu où l'on rencontre le plus de clarté, si du moins il était sorti de son obscurité[4]. » C'est *l'alpha* cherchant son *oméga*, c'est « l'extrême proximité de l'immédiateté », le « secret d'une immanence génétique » et non d'une transcendance hypostasiée[5] ». C'est aussi « la faim du Que (*Dass*) qui pousse à sa découverte claire et distincte ». Mais – et cela est capital –, il y a une sorte de *tension* dans le processus de l'identification d'un *Quid* à un *Quod*, et « le processus de connaissance de l'identification dans le monde est ouvert par les

1. *Ibid.*
2. Ernst Bloch, *Experimentum Mundi*, p. 11.
3. Cf. Martin Heidegger, *Sein und Zeit* (Être et Temps), § 29 , Niemeyer, Tübingen, 1984, p. 135 *sq.*
4. *Ibid.*
5. *Ibid.*

rotations (élévations) qui constituent les catégories de la *prédication*, de la *dimension*, de *l'objectivation*, de la *manifestation*, de la *communication*, de la *réalisation*[1] ». Tous ces moments de mise en catégories s'unissent dans le processus de *réalisation du réalisant* dans le monde, dans le contact du *Quid* au *Quod*[2], dans un monde compris et défini comme « expérimentation ».

Mais, que veut dire *expérimentation* pour Ernst Bloch ?

Cela signifie, premièrement, pour l'auteur du *Principe Espérance*, en premier lieu, insérer les *images souhaits* de la conscience anticipante, avec toutes ses possibilités de réalisation, dans l'horizon *utopique-concret* de la réalisation. Cela signifie, deuxièmement, transformer, à l'aide de la catégorie « possibilité », ces images de souhait en une *praxis* transformant le monde existant (avec toutes ses injustices et faits inacceptables) en un « *laboratorium possibilis salutis* ». Dans ce processus, le *connaître* ne peut se limiter à la seule reproduction passive ni à la seule production active. Il unit plutôt ces ceux actes cognitifs dans une variation productive des formes objectives réelles (*Fortbilden*), en se médiant avec la *tendance* et la *latence* des figures du monde conceptualisables[3].

À cette dialectique *latence-tendance*, E. Bloch a d'ailleurs consacré un autre livre, publié à titre posthume, en 1978, intitulé *Tendenz-Latenz-Utopie*[4].

C'est cette « connaissance transformatrice », qui « dépasse la notion psychologique d'expérimentation pour s'insérer dans l'expérience même du monde[5] ». C'est ce processus dialectique, essentiellement activé par la force créatrice du *sujet*, par la *subjectivité*, mais une *subjectivité* non intériorisée, comme chez Kierkegaard ou chez des penseurs mystiques (Maître Eckart, Jakob Boehme...), mais *s'extériorisant* dans le contact avec les objets et le monde, en vue de leur transformation, de leur humanisation. C'est le travail comme activité d'une conscience utopique « anticipante » qui « se tient constamment sur le front du processus mondain[6] ». Et dans ce processus « les

1. *Op. cit.*, p. 232.
2. *Ibid.*
3. *Op. cit.*, p. 233.
4. Suhrkamp, Francfort, 1978 (volume complétant les Œuvres Complètes (*Gesamtausgabe*) d'Ernst Bloch en 16 volumes chez le même éditeur.)
5. *Experimentum Mundi*, p. 233
6. *Op. cit.*, p. 233.

principes logiques sont étroitement enchevêtrés avec les catégories[1] ». Il y a, dans ce processus, une sorte de médiation constante entre les *latences* et les *tendances*. Les *latences* jouent partout un rôle capital dans la détermination, au même titre que le *possible* qui entoure toujours le réel, « toute réalité déjà devenue[2] ». (On peut renvoyer à ce propos aussi au chapitre 18 du tome premier du *Principe Espérance*, exclusivement consacré au « possible » et à la catégorie « possibilité »). Ce possible, reprécise l'auteur d'*Experimentum Mundi*, est « une possibilité objective réelle, médiatisée avec le réel, c'est-à-dire le degré persistant [...] de la substance, en d'autres termes, le degré d'être de la matière du processus, dans une élaboration inachevée[3] ».

C'est exactement dans cette perspective qu'Ernst Bloch s'efforce de remplacer le système kantien des catégories exposées dans la *Critique de la raison pure* (1787) et subdivisé en quatre groupes : (1) *Temps-Espace*, (2) *Causalité-finalité*, (3) *Quantité-qualité*, (4) *Modalité-relation* par un système catégoriel complétant ce tableau kantien : (1) par une catégorie de *l'espace contaminé par les interférences de la proximité obscure* ; 2) par celle d'un *temps différencié*, globalement concevable comme mode processuel de *l'extériorisation* [groupe 1] ; 3) par l'introduction, dans le 2e groupe, consacré à la *causalité* et à la *finalité*, d'une *catégorie* de la *substantialité latente* et des *catégories projectives de l'objectivation* ; et, finalement, 4) en ce qui concerne le quatrième groupe, consacré à la *quantité* et à la *qualité*, par la définition des *catégories de manifestation* comme *figures* (ou figurations) *processuelles*. À ce propos, Bloch insiste en effet beaucoup sur l'existence d'un *archétype ouvert* et d'un *eidos* comme figure processuelle. En abordant finalement les catégories sectorielles, il s'efforce en même temps de mettre en valeur la catégorie sectorielle de *l'humanum*. À noter aussi qu'Ernst Bloch crée, dans ce contexte précis, le concept de *substance processuelle*, inconnu en tant que telle chez Spinoza, chez Descartes et chez Kant, en précisant que cette dernière n'est ni une *catégorie de transmission* ni non plus une *catégorie figurative* mais qu'elle est en réalité « le germe et le *Tout utopique* de la matière ultime (*materia ultima*), dans le laboratoire du monde[4] ».

1. *Op. cit.*, p. 234.
2. *Ibid.*
3. *Ibid.*
4. *Op. cit.*, p. 237.

Dans sa conclusion, à savoir dans les chapitres 48 et 49 d'*Experimentum Mundi*, la *pratique*, c'est-à-dire la *praxis*, est finalement célébrée comme « *la preuve la plus sérieuse de la vérité contre le nihilisme*[1] ». Qu'est-ce que cela veut dire ? Rien d'autre, effectivement, que ceci que, dans la perspective de *l'agir marxiste*, « *la preuve du pudding est qu'il se mange*[2] ». Comme le disait déjà Engels, l'action, l'agir resta toujours, en un sens, pour la théorie allemande, une anomalie, à la différence précisément de la France, « peuple de l'action » par excellence, puisque ce sont les Français qui ont réussi les premiers à renverser la monarchie et à instituer, en 1789, par la Grande Révolution, *l'égaliberté*, les droits civiques et les droits de l'homme, en mettant fin à la tyrannie de l'absolutisme monarchique. Fichte, avec sa « *Tathandlung* » (action effective, « active ») est l'incarnation typique, au sein même de l'idéalisme allemand, de la « toute première manifestation du rapport *théorie-pratique* » qui se veuille *réaliste* (et non seulement méthodique et pragmatique) ; car elle a eu, réellement, des effets jusqu'à l'époque de Marx, puisqu'elle a fait de la « *conscience de classe du prolétariat* une conscience active de soi[3] ». Autrement dit, *l'exceptionnalité* de Fichte, dans l'histoire de l'idéalisme allemand, consisterait en ceci que chez Fichte la *pratique* est devenue « le mot d'ordre central de la philosophie[4] ». Ainsi a-t-il pu, du moins indirectement, inciter aussi *Marx*, lors de sa confrontation théorique avec le matérialisme de Feuerbach, à définir le matérialisme historique et dialectique *a priori* comme une philosophie de la *praxis* et comme une « logique de l'analyse des situations et des tendances dont la mise en œuvre pratique assure [...] le triomphe de la classe ouvrière et ensuite sa suppression future[5] ».

Autrement dit, *l'exceptionnalité de Fichte*, dans l'histoire de l'idéalisme allemand, consiste en ceci que la pratique est devenue ainsi le *mot d'ordre central de la philosophie*[6]. Ainsi a-t-il pu, du moins – indirectement –, inciter aussi Marx, dans sa confrontation théorique avec le matérialisme anthropologique de Feuerbach, à esquisser

1. *Op. cit.*, p. 239.
2. *Ibid.*
3. *Op. cit.*,p. 240.
4. *Ibid.*
5. *Ibid.*
6. *Op. cit.*, p. 240.

une *philosophie de la praxis*, comme une « logique de l'analyse des situations et des tendances dont la mise en œuvre pratique assure le triomphe de la classe ouvrière et ensuite sa suppression[1] ».

La *pratique* se dresse désormais au terme de la théorie, là où se décide le sort de la théorie, sous la forme d'une action « conforme aux fins » et en accord avec les tendances. Et pour cela, Bloch peut bien entendu aussi citer Engels comme témoin qui, dans son livre sur *Feuerbach et la fin de la philosophie allemande* avait souligné que « notre doctrine n'est pas un *dogme* mais une *méthode pour l'action*[2] ». Mais Bloch cite aussi *Lénine* qui avait dit que « le marxisme est tout-puissant parce qu'il est vrai ». C'était en 1905, dans *Que faire ?* Mais c'était une autre époque comparée à la nôtre. Lorsqu'il rédigeait, en exil aux États-Unis, le *Principe Espérance*, Ernst Bloch s'était rallié à cette affirmation, à cette devise de Lénine, ayant définitivement dépassé le scepticisme qu'il avait encore manifesté à l'égard de l'action des bolcheviks, entre 1917 et 1919, pendant son exil en Suisse, où il avait travaillé comme journaliste au journal *Die Freie Zeitung* de Berne.

Or, il est désormais convaincu que le *socialisme* est bien la condition *sine qua non* de la véritable *théorie-pratique* du marxisme. Mais il insiste en même temps beaucoup sur le point de vue qu'il ne suffit pas de mettre fin à *l'aliénation*, à la domination de l'argent et au mode de production capitaliste, parce que la construction de la *société sans classes*, dans la perspective de Marx, devrait absolument être prolongée « par la transformation du rapport de l'homme à la nature[3] ». C'est pourquoi il avance de nouveau, comme il l'avait déjà affirmé dans *Le Principe Espérance*, cette idée de la nécessité d'une *technique d'alliance*, présupposant un sujet humain cherchant à s'accorder avec le sujet hypothétique de la nature[4]. Il la renforce même encore, en prenant en considération les théories de Günther Anders, relativement à une possible *apocalypse* provoquée par les technologies modernes, et aussi aux critiques formulées par les écologistes, notamment à l'égard du fait que « l'accident a pris depuis longtemps déjà l'ampleur menaçante d'une *auto-extermination* de l'homme, d'une destruction

1. *Ibid.*
2. *Op. cit.*, p. 241.
3. *Op. cit.* p. 241.
4. *Op. cit.*, p. 242.

radicale de ses conditions d'existence naturelles, par mépris de *l'écologie*[1] ». Ainsi, « la technique d'alliance capte le rayonnement de la nature qui nous entoure de façon immédiate, c'est-à-dire *l'environnement* naturel qui est le nôtre, sur lequel nous pouvons intervenir et avec lequel nous entretenons de constants échanges vitaux[2] ».

Comme dans le tome premier du *Principe Espérance*, à savoir dans son dialogue critique avec Heidegger qu'il appelle « le professeur angoisse et souci » (*Angst und Sorge*) et où il oppose le concept d'*espoir* et d'*espérance* à celui de *l'angoisse* et, globalement, à ce qu'il appelle le *nihilisme heideggérien*, Ernst Bloch oppose ici, tout à la fin de son livre *Experimentum mundi*, au *nihil* et à tout effondrement désespéré et lâche dans le nihilisme, « la fidélité active de la subjectivité téléologique [...], nourrie d'évidence utopique et non d'empirie », et la croyance dans « le gain possible du Bien dans l'expérimentation réelle de l'enjeu final », définie comme la « découverte de notre Foyer[3] ».

Ce serait tout à fait possible grâce à une connaissance comportant en soi *l'éthique de la vérité*, une éthique non plus individuelle, non plus contemplative, mais une éthique « osant accomplir le bond hors du règne de la nécessité vers le règne de la liberté, tant dans la réalité de la théorie que dans la réalité de la pratique[4] ».

Quant aux possibilités objectives réelles, l'on constate sur les toutes dernières pages du livre *Experimentum Mundi*, qu'elles sont bien réalisables, non seulement grâce à la puissance du *sujet réalisant*, à savoir d'un *pouvoir subjectif pour réaliser un possible objectif réel*[5], mais aussi « grâce au *rêve* d'une chose qui habite *l'imagination objective réelle*, grâce à la *phantasia kataleptika* (!) dans laquelle l'objet et le sujet se rencontrent et s'entrelacent en pleine réciprocité[6]. » C'est cela « le topos objectif-subjectif des possibilités objectives réelles, à savoir un topos demeurant lui-même toujours ouvert vers le Novum [...] », contenant toujours un *but utopique*, à savoir « le rêve diurne [...] présent au sein du monde lui-même à titre d'utopie concrète[7] ».

1. *Op. cit.*, p. 242.
2. *Op. cit.*, p. 242.
3. *Op. cit.*, p. 243.
4. *Ibid.*
5. *Op. cit.*, p. 245.
6. *Op. cit.*, p. 246.
7. *Ibid.*, p. 246.

Sur ce point précis, sa *dialectique* ressemble en effet beaucoup à celle de Hegel, fondée sur l'identité du sujet et de l'objet, mais, à la différence précisément de Hegel, avec une accentuation du *facteur subjectif créateur* au détriment du facteur objectif privilégié par Hegel. Et l'on constate aussi dans le tout dernier chapitre d'*Experimentum Mundi*, que la *possibilité objective réelle* intervient selon quatre modes :

1) comme insistance du pas originel ;

2) comme conditionnement partiel ;

3) comme pouvoir subjectif réel de réaliser ; et enfin :

4) comme la mer immense des possibilités qui s'étend autour du donné[1].

Mais – et cela est d'une importance capitale, parce que cela défie *l'objectivisme* du marxisme vulgaire –, « le facteur subjectif est animé par le germe actif d'une révolution qui chemine [...] depuis bien des générations[2] ».

Mais à ce propos, Ernst Bloch met immédiatement un bémol, en affirmant qu'il serait aussi dangereux de surestimer le pouvoir d'agir de tout investir dans le facteur subjectif [...], sans tenir compte des conditions objectives suffisantes d'un triomphe de la classe ouvrière[3].

Il lance ainsi aussi un défi à l'égard de *l'action anarchiste isolée*, tout en estimant, en soulignant que le facteur objectif n'est pas une médiation fermée sur elle-même, une prétendue totalité, il ne se développe au contraire que par bonds et par interruptions[4].

À ce propos, Ernst Bloch cite explicitement Walter Benjamin, à savoir *Les thèses sur le concept de l'histoire* (1940), plus précisément les Thèses XIV, XV et XVI, où Benjamin précise que « la conscience de faire éclater le continuum de l'histoire est propre aux choses révolutionnaires dans l'instant de leur action » ; où il évoque en outre l'introduction d'un nouveau *calendrier* par la grande *révolution* et où il souligne aussi que le matérialisme historique « ne saurait renoncer à l'idée d'un présent... qui s'arrête et se tient en équilibre au sein du temps ». Il s'agit ici bien entendu de la célèbre thèse de Walter Benjamin sur « l'arrêt messianique » du continuum du temps par les

1. *Op. cit.*, p. 246.
2. *Op. cit.*, p. 246-247.
3. *Op. cit.*, p. 247.
4. *Op. cit.*, p. 247.

forces révolutionnaires messianiques, provoquant une rupture salutaire, dotées selon lui d'une faible force messianique[1]).

Mais Ernst Bloch nous renvoie aussi à ce propos à Georges Lukács, plus précisément à ses études sur *Guerre et Paix* et *Anna Karénine* de Tolstoï où il est aussi question de l'interruption du temps, ainsi qu'à sa *Théorie du roman* (une œuvre de jeunesse de Lukács, très appréciée d'Ernst Bloch, lors de la rédaction du livre *L'Esprit de l'Utopie* (1918)), où ces interprétations dialectiques ouvrent des horizons nouveaux et ont été également décrites comme un « préapparaître utopique[2] ».

Quant au *Novum*, nous devrions en effet tenir compte ici de l'objection exprimée à ce sujet par Henri Lefebvre que le *novum* est loin d'être toujours positif, qu'il peut même être, comme on l'a vu, avec l'avènement du fascisme et des totalitarismes au XXe siècle, très négatif. Mais cette objection n'a jamais fait vaciller Ernst Bloch, elle n'a jamais vraiment ébranlé son *optimisme militant*, sa croyance inébranlable dans la possibilité de réalisation, *hic et nunc*, ici et maintenant, si un beau jour les conditions sont vraiment réunies, du but de *l'utopie concrète*. Tout à la fin d'*Experimentum Mundi*, le règne de la *tendance* et de la *latence* de *l'utopie concrète* est fait de *matière*, mais d'une matière pleine de potentialités dialectiques[3].

Elle est, dans sa *tendance* et sa *latence*, c'est-à-dire une logique objective qui est l'attribut de la matière. « Le mouvement et le *logikon* culminent dans l'histoire des luttes et des souhaits humains[4]. » Ces luttes ne peuvent être victorieuses que si elles sont guidées par une forte volonté de *l'espérance* et du *changement.*

« L'espérance, oui – mais pour espérer quoi ? » Telle est bien la question posée dans le tout dernier paragraphe d'*Experimentum Mundi* : « Spinoza disait : *Verum est index sui et falsi* ! » À ce propos, Ernst Bloch nous propose une légère modification de cette célèbre phrase de l'auteur de *l'Éthique* (*more geometrico*) : « *Verum est* nondum *index sui, sed iam falsi* ». Ce qui compte donc, c'est ce « non

1. Cf. Walter Benjamin, *Sur le concept d'histoire,* Thèse II, W.B., Œuvres, III, trad. de l'allemand par Maurice de Gandillac, Rainer Rochlitz et Pierre Rusch, Gallimard, « Folio-Essais », Paris, 2000, p. 428-429.

2. *Op. cit.*, p. 249.

3. *Op. cit.*, p. 256.

4. *Op. cit.*, p. 251.

encore », cette *substance utopique* immanente à tout être, à la matière, mais « pas encore » extériorisée. Et ce qui compte aussi, dans ce processus télique et utopico-pratique, c'est la « faim non assouvie du télique vers le Novum ».

Voilà donc qu'on entend par « *Expérimentum Mundi* » : une expérience qui n'est pas seulement celle qu'on fait *du monde* mais qui a lieu *dans le monde*, qui est l'expérience réelle que le monde fait de lui-même, avec pour sens et but ultime *l'identité, le Foyer du sens.* Lui correspond une *ontologie du non-encore-être* portant sur l'être du *non-encore-conscient* et du *non-encore-devenu*, l'expérimentation réelle des catégories et celle de leur matière vers *l'avant* (*Materie nach vorwärts*)[1]. D'où résulte aussi cette perspective de Marx, à savoir celle qui exige la « naturalisation de l'homme et l'humanisation de la nature ». Bloch, en reprenant cette formule de Marx, la transforme en même temps en : « *Natura naturata nos ipsi erimus.* » (Nous-mêmes serons – [un jour] – la nature naturée (naturalisée)[2]).

Nous avons donc, je l'espère, vu ce qu'est la *praxis* pour l'auteur célèbre du *Principe Espérance* : la réalisation, par la mobilisation de toutes les forces créatrices de la subjectivité et de l'imagination, en accord avec les tendances proto-utopiques objectives de la matière et le combat des forces progressistes et révolutionnaires de la société, de l'utopie concrète.

1. *Op. cit.*, p. 253.
2. *Ibid.*

V

Marx, critique de Feuerbach : *L'Idéologie allemande* et les *XI Thèses sur Feuerbach*[1]

L'IDÉOLOGIE ALLEMANDE, rédigée par Marx et Engels, en 1845-1846, se situe bien dans la continuité de la *Sainte famille* (Critique de la critique critique) (1844-1845), le premier grand ouvrage rédigé ensemble par Marx et Engels, suite à leur rencontre à Paris, en août 1844, qui, en un sens, inaugurait leur collaboration étroite, qui devait durer jusqu'à la fin de la vie de Marx, en 1883. Cet ouvrage fut dirigé contre Bruno Bauer, l'éminent représentant de la gauche hégélienne et auteur d'une philosophie spéculative (idéaliste), que Marx et Engels se proposaient de déconstruire, de combattre de toutes leurs forces. Cette critique visait aussi, indirectement, l'idéalisme objectif de Hegel dont la méthode et la rationalité dialectique étaient pourtant reconnues. Par le truchement de cette critique et de cette polémique, Marx et Engels s'efforcèrent surtout d'esquisser les grands cadres théoriques du matérialisme historique et dialectique qu'ils opposaient à la méthodologie dialectique (spéculative) de Bruno Bauer mais aussi en même temps au matérialisme de Feuerbach et ce qu'ils appelaient « l'anarchisme individualiste » petit-bourgeois de Max Stirner. *La Sainte famille* exposait aussi déjà, pour la première fois, la conception marxiste et engelsienne du rôle universel du prolétariat en tant que classe dont le destin historique était de s'émanciper elle-même, en abolissant en même temps toutes les conditions inhumaines de la société bourgeoise. Ce livre atteste aussi la grande influence indirecte exercée encore par Feuerbach sur Marx, lors de la tentative d'élaboration de la doctrine du matérialisme

1. Conférence prononcée au Département de philosophie de l'université de Nice Sophia-Antipolis(UNSA), le 14 octobre 2015, à l'occasion d'un colloque « Marx », organisé par Pierre-Yves Quiviger (CRHI).

historique et dialectique, mais en même temps aussi la volonté de Marx et d'Engels de procéder à une critique du matérialisme anthropologique, humaniste et abstrait de l'auteur de *L'Essence du christianisme* (1841). Les *XI Thèses sur Feuerbach*, rédigées par Marx, en février 1845, ne sont qu'une prolongation, sous une forme abrégée, de ces réflexions critiques concernant Feuerbach, déjà exposées, partiellement, dans *La Sainte Famille*; elles jettent donc un pont de *La Sainte famille* (achevée en 1845) vers *L'Idéologie Allemande*, rédigée de septembre 1845 à mai 1846. Dans son livre *Ludwig Feuerbach et la fin de la philosophie classique allemande* (1888), Engels justifiait *a posteriori* les buts théoriques de *La Sainte famille* et de *l'Idéologie allemande*, en soulignant qu'il y avait là la nécessité de substituer au « culte de l'homme abstrait » qui constituait le noyau de la nouvelle « religion feuerbachienne », « la science de l'homme réel et son évolution historique[1] ».

Tandis que la critique matérialiste exprimée par Marx et Engels, dans *La Sainte famille* était focalisée essentiellement sur Bruno Bauer, à savoir sur la tendance de Bauer qui « ne reconnaît aucun autre être différent de la pensée, aucune énergie naturelle distincte de la spontanéité spirituelle [...], aucun objet distinct du sujet, aucune pratique distincte de la théorie[2] », celle de *L'Idéologie allemande* visait principalement Feuerbach et Max Stirner, appelée ironiquement par Marx « Saint Max ». Il y a asymétrie; car le chapitre consacré au « saint Bruno » (Bauer) ne compte que vingt pages, tandis que celui consacré à Max Stirner (que Marx appelle aussi, en analogie ironique avec *Le Don Quijote* de Cervantès, le « saint Sancho ») et son ouvrage *L'Unique et sa propriété* (1844) en compte 337 (ce qui signifie que ce texte, cette critique acerbe du grand représentant de *l'anarchisme individualiste* qu'était Stirner, comporte aussi quelques longueurs pourtant très caractéristiques de l'écriture polémiste de Marx).

Il ne nous reste qu'à souligner l'importance du premier grand chapitre de *L'Idéologie allemande* consacré à Feuerbach, marqué du premier jusqu'au dernier paragraphe par la volonté de Marx et d'Engels de dépasser définitivement le *matérialisme métaphysique et contemplatif* de Feuerbach, en le *démystifiant* totalement et en apportant maintes preuves théoriques de l'inadaptation et de l'inadéquation

1. Marx-Engels, *Œuvres* (MEW), vol. 21, Dietz, Berlin (RDA), 1962, p. 272.
2. Marx-Engels, *Œuvres* (MEW), vol. 2, p. 204, 151 ; *ibid.*, vol. 3, pp. 92-93.

de cette philosophie anthropologique « matérialiste » (humaniste) aux réalités de nos sociétés modernes, avec toutes ses contradictions et injustices sociales. Déjà dans l'Introduction, Marx et Engels s'en prennent assez violemment à ce qu'ils appellent « le processus de décomposition » du système hégélien, qui avait déjà commencé avec David F. Strauss et qui impliquerait toutes les forces du passé. Ce processus de « décomposition » ne serait rien d'autre que celui de « l'esprit absolu » (hégélien), qui chez les néo-hégéliens, à savoir les représentants de la « gauche hégélienne » (à laquelle appartiennent aussi Feuerbach et Stirner) aurait tout simplement dégénéré, notamment avec Bruno Bauer et Marx Stirner, en une espèce de « charlatanerie » philosophique assez bornée. À ce propos, Marx et Engels ne cessent de critiquer les *mystifications* des questionnements et réponses philosophiques se réclamant de Hegel et de son héritage.

Leur principal défaut consisterait dans le fait d'avoir extrapolé certains concepts majeurs de la philosophie hégélienne et de les avoir joués contre le système comme, par exemple, les concepts de *substance* et d'*autoconscience*, qui ont été finalement substitués et profanés comme les concepts du *genre*, de *l'unique* (Stirner) et de *l'homme* (Feuerbach).

En effet, *l'essence de l'homme* est définie par Feuerbach, dans le sillage de Hegel, comme *conscience*, mais avec une nuance importante : « Réajustant la dialectique hégélienne de la conscience de soi immédiate et de la conscience universelle de soi, il détermine la conscience *stricto sensu* comme celle de l'être qui n'a pas seulement le soi pour objet, mais le *genre* [...]. C'est par l'objet que l'homme devient conscient de lui-même. Son objet est son essence manifeste qu'il ne peut transcender. La puissance que son objet exerce sur l'homme est la puissance qu'exerce son essence sur lui. L'être absolu de l'homme – Dieu – est son essence objective[1]. »

Comme le souligne à juste titre Solange Mercier-Josa, « l'originalité de Feuerbach ne consiste pas tant dans l'affirmation que le rapport à soi passe nécessairement par le rapport à l'autre, elle se trouve dans son insistance à penser la religion comme le rapport de l'homme à son essence qui se donne comme le rapport à un autre être particulier, distinct de lui, transcendant. L'objet religieux, intériorité

1. Solange Mercier-Josa, Notice « Feuerbach » in *Dictionnaire des philosophes* (dir. Denis Huysman), PUF, Paris, 1984, p. 920-921.

exprimée, manifestée de l'homme, doit d'ailleurs être distingué de l'objet sensible qui, lui, existe extérieurement à l'homme, est séparable de la conscience de soi et est en soi indifférent et indépendant de la conviction, du jugement[1] ».

Pour Feuerbach, l'essence de la foi, de la croyance religieuse (chrétienne) « n'est que la certitude qu'a l'homme que son être subjectif est l'être objectif absolu [...]. Les mystères du christianisme sont les multiples modalités selon lesquelles l'homme croit en lui-même, en la liberté et en l'illimitabilité absolue de sa subjectivité[2]. » Elles ne sont que des projections « vers le ciel », des extériorisations de sa propre subjectivité[3].

Cette « anthropologisation » de la religion par Feuerbach, matérialiste, qui ne critique l'idée de Dieu que pour affirmer la « divinité de l'humain », et où Dieu n'est supprimé que pour être posé en tant que « prédicat de l'homme », est certes reconnue par Marx et Engels comme une critique importante de la théologie dominante, mais elle ne satisfait pas réellement les pères-fondateurs du matérialisme historique et dialectique, puisqu'ils soulignent, dans leur lecture critique de Feuerbach, que cette critique – matérialiste, anthropologique et humaniste – est apparemment trop limitée à la seule critique des représentations religieuses (la religion étant devenue leur ennemi majeur), si bien que toutes les représentations métaphysiques, juridiques et morales ont été tout simplement subsumées par Feuerbach sous des représentations religieuses ou théologiques[4]. Autrement dit, le panlogisme dialectique de Hegel aurait-il été substitué par les jeunes hégéliens (et notamment par Feuerbach et Bruno Bauer) par une logique des représentations religieuses ou théologiques. Il y aurait certes un accord entre les hégéliens anciens et les jeunes hégéliens du XIXe siècle, concernant par exemple le problème de la domination de la religion, des concepts et de l'universel, mais la différence était quand même que les uns combattaient cette domination comme une *usurpation* tandis que les autres la considéraient comme légitime[5].

1. *Op. cit.*, p. 921.
2. *Op. cit.*, p. 923.
3. Cf. Ludwig Feuerbach, *L'Essence du christianisme* [1841], trad. J.-P. Osier, Maspero, Paris, 1968 ; Gallimard, coll. TEL, Paris, 1992.
4. Marx-Engels, *Œuvres* (MEW), vol. 3, Berlin (RDA), Dietz, 1958, p. 19.
5. *Op. cit.*, p. 19.

Malgré cela, Marx et Engels s'efforcent de dévoiler les jeunes hégéliens (Bruno Bauer, Feuerbach et Stirner), en dépit de leur « phraséologie révolutionnaire », comme des « conservateurs », puisqu'ils ne seraient en mesure que « d'opposer des phrases à des phrases, étant incapables de combattre le monde réellement existant[1] ». Leur seul côté positif serait la critique du christianisme, mais aucun représentant de cette école (néo-hégélienne) ne serait capable, objecte Marx, de rétablir un rapport dialectique entre la philosophie allemande et la réalité allemande, entre la philosophie et l'environnement matériel.

En prenant pour cible la philosophie *consciencielle* trop « idéaliste », trop « spéculative » des représentants hégéliens de l'école néo-hégélienne allemande, Marx et Engels soutiennent donc, assez rigoureusement, dans leur critique de Bruno Bauer et de Ludwig Feuerbach, la thèse de « l'enchevêtrement des idées, des représentations et de la conscience dans l'activité matérielle et la communication matérielle des humains[2] ». Les hommes sont les producteurs de leurs idées, de leurs représentations, mais « les vrais humains actifs, agissants sont conditionnés par le développement de leurs forces productrices [...]. La conscience ne peut être rien d'autre que l'être-conscient et l'être des humains est leur vrai processus vital réel[3]. » De même, les « formations nébuleuses » dans le cerveau humain, comme par exemple les représentations et mystères religieux évoqués par Feuerbach, dans son œuvre majeure *L'Essence du christianisme* (1841), ne seraient-elles que des sublimations nécessaires de leur processus vital, empiriquement constatables et liées à des conditions matérielles. Par conséquent, « la morale, la religion, la métaphysique et d'autres idéologies ainsi que les formes de conscience leur correspondant ne conservent plus longtemps l'apparence de [leur] autonomie [...]. Ce n'est pas la conscience qui détermine la vie mais, mais la vie qui détermine la conscience[4]. »

C'est pour l'essentiel cette vision *matérialiste nouvelle*, fondée sur la ferme conviction que ce sont toujours les conditions matérielles de l'existence et de la vie de l'homme, déterminées par la nature, le travail, les rapports de production et l'environnement matériel, qui

1. *Op. cit.*, p. 20.
2. Marx-Engels, *Œuvres* (MEW), vol. 3, Berlin (RDA), Dietz, 1958, p. 26.
3. *Op. cit.*, p. 26.
4. *Op. cit.*, p. 26.

déterminent aussi les idées et les représentations de l'humain, en bref, son *idéologie*, que Marx et Engels opposent au « matérialisme de l'homme abstrait » de Feuerbach ou à « la philosophie de l'action » d'un Moses Hess[1], à laquelle ils reprochent également d'être trop et exclusivement fondée sur une théorie consciencielle, en lui opposant une philosophie matérialiste de la praxis fondée sur la connaissance des contradictions réelles de l'économie et de la société, à savoir sur une *critique de l'économie politique* dont le *Capital* est le meilleur résumé et en même temps le sommet, au même titre que les « *Grundrisse* » (*Contributions à une critique de l'économie politique)* (de 1857-1859). Il s'agit de faire valoir et de mettre enfin en ses droits *l'homme réel, existant et travaillant*, à savoir *l'homme produisant* (ce qui le différencie des animaux) lui-même ses moyens de subsistance, dans les conditions empiriques réelles de son processus vital ; car, soulignent Marx et Engels, « dès que ce processus vital est mis en évidence, l'histoire cessera d'être une simple collection de faits morts, comme les empiristes abstraits ou bien une simple action imaginée de sujets opiniâtres, comme chez les idéalistes[2] ». Autrement dit, « là où cesse [enfin] la spéculation, [à savoir] dans la vie réelle, là commencera la science réelle, positive, la représentation de l'activité pratique, du processus de développement pratique de l'homme. Les phrases de la *conscience* cesseraient, elles seront substituées par le savoir réel[3]. » C'est donc, mis à part la critique du matérialisme « métaphysique » de Feuerbach, aussi un immense défi lancé à l'égard de toute la philosophie idéaliste spéculative allemande, dans son ensemble, à laquelle est surtout reproché d'avoir esquissé, systématiquement, une philosophie de l'histoire idéaliste, spéculative, si bien que l'Allemagne n'avait pas un seul historien qui, au contraire par exemple de la France et de l'Angleterre, « eût été capable d'analyser l'histoire sur une base matérialiste, en écrivant, sous cet angle d'attaque, l'histoire de la société bourgeoise, du commerce et de l'industrie[4] ». Marx et Engels s'efforcèrent donc de combler cette lacune par l'élaboration d'une philosophie matérialiste de l'histoire.

---

1. Cf. Gérard Bensussan, *Moses Hess, la philosophie, le socialisme* (1836-1845), PUF, Paris, 1985.
2. Marx-Engels, *Œuvres*, vol. 3, Berlin (RDA), Dietz, 1958, p. 28.
3. *Op. cit.*, p. 27.
4. *Op. cit.*, vol. 3, p. 28.

Pour revenir au problème philosophique de la conscience – désidéalisée comme nous l'avons vu, par Marx –, force est de constater que Marx et Engels identifient, volontairement, dans le cadre de leur approche de démarcation des démarches idéalistes spéculatives (Bruno Bauer, Feuerbach, Stirner, etc.), *conscience* et *langage*, le langage étant défini comme « conscience pratique existante aussi pour les autres humains, ainsi que comme *conscience réellement existante pour moi-même*[1] ».

Autrement dit, le *langage* est né, comme la conscience, du *besoin*, à savoir du *besoin* et de la nécessité des humains de communiquer entre eux, ce qui distingue encore une fois l'homme des animaux.

Ce qui réconforte et renforce nécessairement l'affirmation de Marx que la *conscience* est toujours *a priori* un produit social et le demeure tant que les hommes existent. La conscience est naturellement d'abord conscience de l'environnement proche, sensible, et conscience du rapport avec d'autres personnes et les choses, sauf pour l'individu devenant conscient de lui-même, et il est simultanément conscience de la nature qui s'oppose d'abord à l'homme comme une puissance étrangère, toute-puissante et inattaquable envers laquelle les humains se comportent comme des animaux[2]. (En effet, l'homme se distingue de l'animal surtout par le fait que chez lui, la conscience se substitue à l'instinct.)

C'est la *division du travail* qui rend l'homme capable de développer une conscience qui sera à même de s'émanciper du monde et de concevoir des théories pures telles que la théologie, la philosophie et la morale. Or la division du travail et la propriété privée sont, selon Marx, des thèmes identiques. Elles conditionnent la genèse d'une société de classes produisant par l'organisation du travail et les rapports de production cette *aliénation* faisant que les forces productives sont de plus en plus perçues par les travailleurs comme une force étrangère plus ou moins insupportable.

Aux yeux de Marx et d'Engels, le *communisme* s'impose alors comme seule alternative à ce mode de production aliénant et à la société bourgeoise qui lui est conforme, puisqu'il abolira cette *aliénation*, ce rapport d'étrangeté des travailleurs à l'égard de ce qu'ils produisent, provoquant la dissolution du rapport de la demande à

1. Marx-Engels, *Œuvres* (MEW), vol. 3, Dietz Verlag, Berlin (RDA), 1958, p. 30.
2. *Op. cit.*, p. 31.

l'offre et le rétablissement du contrôle des travailleurs sur la production matérielle de l'échange[1].

À ce propos, les auteurs de *L'Idéologie allemande* précisent bien que le *communisme* n'est pas un idéal auquel la réalité doit se conformer mais plutôt « le mouvement réel abolissant, supprimant l'état actuel des choses, si bien que les conditions de ce mouvement dépendent de la condition actuellement existante ». La grande masse des travailleurs, précisent à ce propos Marx et Engels, dépend cependant d'un *marché mondial*, ce qui signifie aussi que le *prolétariat* ne peut exister que dans le cadre de l'histoire mondiale, comme le communisme ne peut exister qu'à l'échelle historique mondiale[2]. Selon Marx et Engels, il n'y a que la lutte des travailleurs, à l'échelle *internationale*, qui pourra déboucher sur l'avènement du communisme, par la lutte conjuguée du prolétariat, dans tous les pays du monde, contre l'ordre capitaliste injuste et la société bourgeoise.

À propos de la société bourgeoise, Marx et Engels tiennent à souligner, dans ce contexte précis, que celle-ci est bien née au XVIIIe siècle, sur les fondements des nouveaux rapports de *propriété* substituant ceux de l'Antiquité et du Moyen Âge. Ils précisent que la société bourgeoise ne s'est développée qu'avec la bourgeoisie comme organisation sociale correspondant au développement de la production et du commerce de l'époque, autrement dit, comme une « organisation ayant fourni le fondement pour l'État et sa superstructure idéaliste[3] ».

Globalement, la critique marxienne de Feuerbach se résume-t-elle par les cinq points suivants :

1) Feuerbach se trompe quand il veut à tout prix remplacer le terme de « communiste » par celui de « l'homme ordinaire du commun » (*Gemeinmensch*) ; car toutes ses déductions concernant les rapports inter-humains sont limitées à la preuve que les humains ont toujours eu besoin d'eux. Il se limiterait à établir la *conscience* de ce fait existant, tandis que le vrai communiste s'efforcerait de renverser le monde existant.

2) Feuerbach fait preuve d'une véritable méconnaissance du réel lorsqu'il affirme, par exemple, dans son livre *Principes de la philosophie de l'avenir* (1843) que « l'être d'une chose ou de l'homme serait

1. Marx-Engels, *Œuvres* (MEW), vol. 3, Berlin (RDA), Dietz, 1958, p. 35.
2. *Op. cit.*, vol. 3, p. 36.
3. Marx-Engels, *Œuvres*, vol. 3, Berlin, (RDA), Dietz, 1958, p. 30.

en même temps son essence » (*Wesen*). Autrement dit, que les conditions d'existence et le mode de la vie et de l'activité d'un individu humain (ou animal) seraient toujours celles qui « donnent satisfaction à son essence[1] ».

3) Que la conception feuerbachienne du « monde sensible » serait limitée d'un côté à son « intuition » (*Anschauung*) pure, et de l'autre côté à la pure sensation (*Empfindung*). Au lieu d'évoquer l'Homme réel historique, il ne parle abstraitement que de « l'homme ». Et cet « homme », c'est l'Allemand. « Dans l'intuition du monde sensible, il tomberait nécessairement sur des choses qui contredisent sa conscience et son sentiment, et qui brouillent l'harmonie présupposée de toutes ces parties du monde sensible et notamment de l'homme avec la nature[2]. » C'est exactement ce qu'affirme déjà la première *Thèse sur Feuerbach* qui critique que le principal défaut du matérialisme ancien (celui de Feuerbach) est que « l'objet, la réalité, la sensibilité n'y sont subsumés que sous la forme de ***l'objet*** ou de ***l'intuition***, et non pas comme activité sensible humaine et comme praxis ». [...] Il ne conçoit pas l'activité humaine comme activité objectale. C'est pourquoi il ne considère, dans *L'Essence du Christianisme*, que « l'attitude théorique en tant que vraie attitude humaine tandis que la praxis n'est conçue et fixée que sous sa forme juive sordide. C'est la raison pour laquelle il ne comprend pas la signification de l'activité « révolutionnaire, de l'activité pratico-critique[3] ».

4) Si Feuerbach reconnaît que l'homme est un « objet sensible », il commettrait en même temps l'erreur de ne pas le définir comme « activité sensible », car loin de concevoir les hommes dans leurs rapports sociaux et sous les conditions de vie existantes qui les ont faits tels qu'ils sont réellement, il se contente avec le concept de l' « Homme abstrait », s'autolimitant à reconnaître « l'homme réel, individuel » que dans la sensation. Il n'y a donc chez lui aucune critique des conditions de vie réelles[4].

5) Une autre faille du matérialisme anthropologique « humaniste » feuerbachien serait l'absence totale d'analyse historique :

---

1. *Op. cit.*, p. 42.
2. Marx-Engels, *Œuvres* (MEW), vol. 3, Berlin (RDA), Dietz, 1958, p. 44.
3. Karl Marx, *[Thesen über Feuerbach] 1. ad Feuerbach*, *in* Marx-Engels, *Œuvres* (MEW), vol. 3, p. 5.
4. Marx-Engels, *Œuvres* (MEW), vol. 3, Berlin (RDA), Dietz, 1958, p. 44.

« Dans la mesure où Feuerbach est matérialiste, l'histoire n'existe pas chez lui ; il n'est donc pas matérialiste. Matérialisme et Histoire sont complètement séparés chez lui[1]. »

Comme le souligne, entre autres, Emmanuel Renault[2], dans *L'Idéologie allemande*, Marx soutient qu'il ne connaît qu'une seule science : celle de *l'histoire,* et que celle-ci doit être étudiée du point de vue d'une « conception matérialiste de l'histoire ». « Ces affirmations ont un sens essentiellement polémique : elles sont tournées contre la philosophie idéaliste de l'histoire propre à Hegel et aux jeunes hégéliens. Elles définissent également un programme de recherche : rapporter l'étude de l'histoire à sa base réelle et à l'ensemble des « conditions matérielles » de la pratique historique. C'est pour s'atteler à sa réalisation que Marx forge des concepts de « *mode de production* et de *lutte de classes*[3] ».

Pour réfuter ce « mépris de l'histoire » par Feuerbach, Marx rappelle, en se tournant vers un exemple récent de l'histoire politique de l'Allemagne, au XIXe siècle, que c'était surtout le manque cruel de moyens de subsistance et d'alimentation, comme celui du sucre et du café, qui avait incité les Allemands à se révolter contre Napoléon, et à se lancer dans la « guerre de libération » de l'année 1813. Autrement dit, cette transformation de l'histoire [nationale] en Histoire mondiale n'était pas due à l'action abstraite d'une quelconque « autoconscience » ou de « l'esprit mondial », comme l'affirme Hegel, ou d'un quelconque « spectre métaphysique », comme le suggère Feuerbach, mais à « une action matérielle, empiriquement prouvable, une action pour laquelle chaque individu mangeant et s'habillant fournissait la preuve[4] ».

En bref, la quintessence de cette nouvelle philosophie matérialiste de l'histoire, inaugurée par Marx, est bien que les idées dominantes ne sont rien d'autre que « l'expression idéale des rapports matériels dominants, les conditions matérielles dominantes formulées en pensées[5] ». Ce qui signifie aussi que l'existence d'idées révo-

---

1. MARX-ENGELS, *Œuvres* (MEW), vol. 3, Berlin (RDA), Dietz, 1958, p. 45.
2. Cf. *Grand Dictionnaire de la Philosophie* (sous la direction de Michel Blay), Larousse/CNRS éditions, Paris, 2012, p. 644.
3. Emmanuel RENAULT, *op. cit.*, p. 645.
4. MARX-ENGELS, *Œuvres* (MEW), vol. 3, Berlin, (RDA), Dietz, 1958, p. 46.
5. MARX-ENGELS, *Œuvres* (MEW), vol. 3, Berlin (RDA), Dietz, 1958, p. 46.

lutionnaires, à une époque déterminée, présuppose l'existence d'une classe révolutionnaire. « La classe révolutionnaire s'affirme cependant, soulignent Marx et Engels, comme représentante de la société tout entière, elle apparaît comme la masse de la société face à l'unique classe dominante[1]. »

Par conséquent, le concept d' « idéologie » est celui du conditionnement des idéalités par les intérêts matériels ; comme le souligne Emmanuel Renault, « celui de la dimension politique de la conscience et de la théorie ; celui d'une dénégation du politique (il s'agit de masquer une domination en donnant une forme universelle aux intérêts particuliers d'une classe) ; celui, enfin d'une inversion anhistorique et idéaliste qui trouve son expression la plus pure dans la philosophie spéculative de l'histoire. [...] Dans *L'Idéologie allemande*, le concept d'*idéologie* fait [donc] corps avec deux oppositions rigides : celle de la *science* et de *l'idéologie* et celle de *l'idéologie* et du *prolétariat* [...]. Le terme de *prolétariat* désigne, en effet, tous ceux qui sont exclus de la société, tous ceux qui, n'étant pas une « classe », mais [plutôt] une « masse », sont dénués d'intérêt particulier, et donc, d'idéologie. L'existence du prolétariat rend possible une attitude théorique et critique à l'égard de la société[2]. »

Comme il a déjà été souligné par de nombreux commentateurs, cette critique de Feuerbach est d'une importance capitale non seulement pour la critique matérialiste conduisant en effet du néo-hégélianisme de gauche de Bruno Bauer, de Feuerbach et de Stirner à la philosophie de la praxis marxiste ; mais aussi et surtout par la genèse de la théorie de *l'auto-émancipation du prolétariat par la révolution communiste.* Ainsi, Michael Löwy souligne-t-il à juste titre, dans son livre *La Théorie de la révolution chez le jeune Marx*[3], que Marx, pour répondre à la question fondamentale : pourquoi et comment le prolétariat devient-il révolutionnaire ?, reprend tout d'abord une des thèses de *L'Introduction à la critique de la philosophie du droit de Hegel*[4], à savoir celle qui fonde le rôle émancipateur du prolétariat sur le caractère radical et universel de la *souffrance* de cette classe, qui a

1. *Op. cit.*, p. 47-48.
2. *Op. cit.*, p. 48.
3. Éditions Sociales, Paris, 1997.
4. Michael Löwy, *La théorie de la révolution chez le jeune Marx,* Éditions Sociales, Paris, 1997, p. 181.

toutes les charges de la société à supporter, sans jouir de ses avantages et qui « n'a plus d'intérêt spécial de classe à faire prévaloir contre la classe dominante[1] ». Seulement, dans *l'Idéologie allemande*, cette souffrance aurait perdu toute signification passive, et le terme « passion » (*Leidenschaft*) aurait même été employé dans un sens révolutionnaire et actif. Marx parle en effet de « passion révolutionnaire ». Et c'est sans nul doute avec un certain regard sur la révolte, sur l'insurrection des *tisserands de Silésie*[2], en 1844, qui était pour l'essentiel une *révolte contre la faim*, que Marx note que « la détresse du prolétaire prend alors une forme évidente et aiguë, le pousse à la lutte à mort, le rend révolutionnaire et ne produit donc pas l'inquiétude, mais la passion[3] ». Or, il ne s'agit, comme le souligne Marx, que d'une tendance, à savoir d'une « potentialité » qui ne devient acte qu'à travers la pratique historique de la classe elle-même[4].

Autrement dit, le prolétariat ne devient révolutionnaire que par sa propre praxis révolutionnaire. C'est dans les luttes que se forge, que naît, dans la classe ouvrière, la *conscience communiste*, mais « pour la production massive de cette conscience communiste, il faut un changement massif des hommes qui ne peut s'opérer que dans un mouvement pratique, à savoir, dans une *révolution*, comme celle de l'insurrection des ouvriers anglais, en 1842. Il y a cependant une différence entre la position de Marx exprimée dans *L'Introduction à la critique de la philosophie de droit* de *Hegel* (1843) et celle exprimée dans *L'Idéologie allemande* (1845-46), puisque Marx rejette désormais la thèse que « la révolution débuterait dans la tête du philosophe » et parce qu'il proclame, solennellement, que « la *conscience communiste* naît dans le prolétariat », même si « la possibilité du développement des idées communistes par les membres d'autres classes n'est nullement exclue par lui-même[5] ». Et ces individus peuvent effectivement devenir des représentants et des théoriciens du prolétariat et même jouer un rôle décisif « dans le renforcement et la clarification de la classe communiste[6] ».

1. MARX-ENGELS, *Œuvres* (MEW), vol. 3, Berlin (RDA), Dietz, 1958, p. 183-225.
2. Cf. K. MARX, *Écrits économico-philosophiques de 1844*, Éditions Sociales, Paris, 1967.
3. MARX-ENGELS, *Œuvres* (MEW), Berlin (RDA), Dietz, 1958, p. 223.
4. Michael LÖWY, *op. cit.*, p. 181.
5. *Op. cit.*, p. 184.
6. *Ibid.*

Autre originalité de *L'Idéologie allemande* : c'est en effet le tout premier texte de Marx où le terme *Parti communiste* est employé. Avec ce terme, Marx s'efforce avant tout de marquer la différence par rapport au parti littéraire ou philosophique des jeunes hégéliens (Bruno Bauer, etc.). Il s'agit *a priori*, pour lui, de distinguer le « Parti communiste réel » des ouvriers et du prolétariat des « pseudo-partis des idéologues allemands[1] ». Marx les appelle aussi les « demi-savants ». Il s'agit donc pour Marx et Engels d'opposer cette nouvelle forme d'organisation communiste aux *sectes utopiques*, notamment à plusieurs courants du *socialisme allemand* et à Bruno Bauer, ainsi qu'à *l'individualisme anarchiste* de la « Société des égoïstes » de Max Stirner (qui affiche d'ailleurs, avec son individualisme extrême, un *anti-communisme* et un *anti-collectivisme* viscéral).

Évidemment, de toutes les thèses, la *onzième Thèse* est la plus importante. Elle est à la fois la conclusion des thèses précédentes et une sorte de portail pour l'avenir du communisme. Comme le mentionne d'ailleurs Ernst Bloch[2], dans le 19e chapitre du premier volume

1. LÖWY, *op. cit.*, p. 185.

2. Dans sa lecture extrêmement originale des *XI Thèses de Marx sur Feuerbach*, Ernst Bloch nous propose une nouvelle classification, en divisant les Thèses, pour l'essentiel, en trois groupes et en un « mot d'ordre » final. Georges Labica, dans son livre *Karl Marx. Les Thèses sur Feuerbach*, PUF, Paris, 1987 (reéd., Éditions Syllepse, Paris, 2014) conteste cette « réorganisation classificatrice », tombant sous le coup de sa critique des exigences didactiques, en défendant l'ordre numérique, celui de Marx. Selon Labica, le meilleur argument en faveur de l'ordre numérique serait celui apporté par la Thèse 1, à savoir le registre de ses concepts, son vocabulaire et son style d'exposition, nous fournissant l'ordre des raisons qui gouverne l'ensemble des *Thèses sur Feuerbach*. C'est en s'appuyant sur l'argument de cette première Thèse que Labica s'efforce de reconstruire « le déploiement des concepts explicitement livré par Marx lui-même qui nous installe dans le texte sans le forcer et nous invite à faire abstraction de nos grilles personnelles »(*op. cit.*, p. 32). Mais il renonce à discuter en détail les arguments d'Ernst Bloch. Ernst Bloch, en revanche, justifie sa nouvelle classification par l'argument que « cet ordre numérique est peu concluant » (*Principe Espérance*, t. I, p. 306) et qu'on finit par déprécier les Thèses « en les traitant avec un formalisme outrancier, comme une série de timbres-poste.[...] ». La classification des Thèses ne peut se faire, affirme-t-il, qu'à partir de considérations philosophiques et non arithmétiques, autrement dit, la succession des Thèses doit être celle de leurs thèmes et de leurs contenus » (*op. cit.*, p. 25 *sq.*). En fonction de cela, les *Thèses de Marx sur Feuerbach* devraient donc être re-classifiées de la manière suivante : 1) le groupe de Thèses relatives à la théorie de la connaissance, concernant l'Intuition et l'Activité (Thèses 5, 1 et 3) ; 2) le groupe de Thèses anthropologiques-historiques concernant l'Aliénation, sa cause réelle et le Matérialisme véritable (Thèses 4, 6, 7,

du *Principe Espérance*, c'est le « mot d'ordre ». Elle est aussi, selon Ernst Bloch, « la thèse la plus prégnante et nécessite dès lors, bien plus que les autres, un commentaire s'attachant à chaque mot ». « Quelle est donc la teneur de cette thèse, qu'en est-il exactement de l'opposition apparente qu'elle établit entre la connaissance et la transformation[1] » ? Évidemment, Marx reproche dans cette thèse aux philosophes d'avoir, jusqu'à ce jour, interprété le monde exclusivement de différentes manières, à savoir de façon contemplative ; c'est donc la « connaissance non contemplative » qui est désignée ici comme le nouvel étendard menant à la vraie victoire ; et cet étendard n'est rien d'autre que « l'étendard de la connaissance que représente l'œuvre principale de Marx, nous fournissant des directives pour l'action émancipatrice des prolétaires à l'égard du Capital, mettant le cap sur une philosophie nouvelle, active, une philosophie aussi indispensable qu'apte à transformer le monde[2] ».

Bloch souligne à ce propos qu'avec cette critique, ce n'est pas vraiment Hegel qui est visé mais plutôt les épigones hégéliens, puisque « Marx eût été le dernier à vouloir déplorer chez le penseur concret que fut Hegel [...] l'absence d'une étude du monde réel[3] ».

Quant à la seconde partie de la onzième thèse, relative à la *transformation du monde*, Ernst Bloch tient à rappeler que le marxisme ne serait pas une transformation au sens véritable du terme, s'il ne reconnaissait avant elle et en elle la primauté théorique-pratique de la vraie philosophie, avec « sa perception des propriétés de la réalité qui sont porteuses d'avenir[4] » ; mais la transformation peut [bien

---

9 et 10) ; 3) le groupe des thèses relatives à la Théorie-Praxis, concernant la Preuve et l'Épreuve (Thèses 2, 8) et 4) le mot d'ordre (Thèse 11). « Il existe entre les différentes thèses, affirme Ernst Bloch, « au sein de chacun des groupes, un jeu libre de voix qui se répondent et se complètent, tout comme il existe entre les groupes eux-mêmes des corrélations permanentes, composant un tout cohérent et homogène » (Ernst Bloch, *op. cit.*, p. 307). Labica, en revanche, insiste beaucoup, dans sa propre lecture et interprétation des Thèses, sur le « redoublement » (*Verdoppelung*), qui serait symptomatique du procédé d'exposition de Marx. Ce procédé consisterait « à produire [...] les *Spaltungen*, des scissions, césures, qui traduisent soit l'incapacité à comprendre la structure du réel et les rapports internes qui l'organisent, soit à les occulter grâce à des systèmes de mystification » (G. LABICA, *op. cit.*, p. 53).

1. Ernst BLOCH, *Le Principe Espérance,* vol. I, Gallimard, Paris, 1976, p. 334.

2. Ernst BLOCH, *op. cit.*, p. 335.

3. *Ibid.*

4. Ernst BLOCH, *op. cit.*, p. 337.

entendu] prendre des formes multiples, et même se passer du concept. Car la philosophie représente une connaissance et une « conscience du *Totum* progressant, ce *Totum* qui n'est pas encore lui-même factum mais évolue en même temps que le *non-encore-devenu* dans le gigantesque ensemble du Devenir. La transformation philosophique ne s'accomplit donc que sur la base de l'analyse de la situation de la tendance dialectique, des lois objectives, de la possibilité réelle[1]. »

C'est en ce sens précis que Marx oppose en effet, dans les *XI Thèses sur Feuerbach*, la *nouvelle philosophie du matérialisme historique et dialectique*, à savoir la philosophie de la praxis et de la transformation du monde, au matérialisme anthropologique de Feuerbach : « C'est précisément l'omission dans le matérialisme feuerbachien de la société, de l'histoire et de sa dialectique, c'est cette absence de vie qui en découle et qui caractérise l'ancien matérialisme mécaniste, le seul qu'ait connu Feuerbach, qui détermine forcément chez ce philosophe à la fin de sa philosophie un idéalisme quelque peu embarrassé[2]. »

C'est en effet le grand mérite de Marx de faire « redescendre l'homme idéal générique [de Feuerbach] planant au-dessus des individus sur le sol ferme de l'humanité réelle et de l'humanité possible[3] ».

1. *Op. cit.*, p. 338.
2. *Op. cit.*, p. 321.
3. *Op. cit.*, p. 319.

POSTSCRIPTUM

Selon Engels, les *Thèses* sont « le premier document où soit déposé le germe génial de la nouvelle conception du monde[1] ». Elles sont, en d'autres mots, *fondatrices de cette nouvelle vision du monde matérialiste* que Marx oppose aux conceptions idéalistes et métaphysiques qui prédominent la pensée allemande et notamment l'école néo-hégélienne (Bruno Bauer, Ludwig Feuerbach, Max Stirner). Elles marquent donc une coupure. Louis Althusser[2] parle effet, dans son livre *Pour Marx*, de « coupure épistémologique », attestant que Marx, « après avoir été tour à tour idéaliste allemand et matérialiste français (je renvoie à ce propos à *La Sainte Famille*[3] qui atteste cette influence des philosophes matérialistes français du XVIIIe siècle sur la pensée du jeune Marx !), formule maintenant, notamment dans la Thèse 3, une nouvelle conception du monde qui dépasse, « en les niant et en les conservant[4] » les étapes antérieures de sa pensée et de la pensée philosophique des XVIIIe et XIXe siècles[5]. Il dépasse et défie ainsi par exemple aussi toute la tradition néo-babouviste et blanquiste[6] du socialisme français (prônant la prise de pouvoir des prolétaires par le « coup de main » d'une avant-garde révolutionnaire armée dirigée par des « révolutionnaires professionnels »). En même temps, Marx congédie aussi tous les courants du socialisme idéaliste, comme par exemple celui du « vrai socialisme allemand » de Karl Grün, etc. ; en ce sens précis, les *Thèses sur Feuerbach* ne sont donc rien donc rien d'autre que l'embryon des futurs développements théoriques relatifs au travail de démarcation et de critique théorique entrepris par Marx et Engels, dans *L'Idéologie allemande*, par rapport aux théories trop

1. Friedrich Engels, Préface de 1888 à « Ludwig Feuerbach et la fin de la philosophie classique allemande », MARX-ENGELS, *Œuvres* (MEW), vol. 21, Berlin-Est, 1962, p. 214 *sq.*
2. Cf. Louis ALTHUSSER, *Pour Marx,* F. Maspero, Paris, 1965.
3. MARX-ENGELS, *Œuvres* (MEW), vol. 2, Dietz, Berlin (RDA), 1976, p. 7-223.
4. Cf. Michael LÖWY, *op. cit.*, p. 169.
5. Cf. Michael LÖWY, *ibid.*
6. Cf. Louis-Auguste BLANQUI, *Écrits sur la Révolution. Œuvres complètes 1,* (Textes politiques et lettres de prison), présenté et annoté par Arno Münster, Galilée, Paris, 1977.

idéalistes des jeunes hégéliens et par rapport au *matérialisme anthropologique contemplatif* de Feuerbach. Visant clairement le matérialisme humaniste trop « contemplatif » de Feuerbach, Marx postule, par exemple dans la dixième thèse, que « le point de vue de l'ancien matérialisme, c'est la société bourgeoise ; le point de vue du nouveau, c'est la société humaine ou l'humanité sociale. » Évidemment, le terme « société humaine » désigne ici la société socialiste (communiste) de l'avenir, comme le terme de « société bourgeoise » désigne à son tour la société capitaliste dominante. Le différend épistémologique et philosophique avec Feuerbach est alors explicité, dans la première et la cinquième Thèse, par l'affirmation que « le défaut principal de tout le matérialisme du passé (celui de Feuerbach compris) est que l'objet (*Gegenstand*), la réalité, la sensibilité (*Sinnlichkeit*) ne sont saisis que sous la forme de l'objet ou de la contemplation ; mais non comme activité humaine sensible, comme pratique... C'est pourquoi le côté actif est développé de façon abstraite, en opposition au matérialisme, par l'idéalisme qui, naturellement, ne connaît pas l'activité réelle, sensible, comme telle. » (Thèse 1) « Feuerbach, insatisfait de la pensée abstraite, veut la *contemplation*, mais il ne comprend pas la *sensibilité* (*Sinnlichkeit*) comme activité humaine sensible pratique » (cinquième thèse). À cette conception de la sensibilité de Feuerbach, Marx oppose donc celle de son *matérialisme dialectique*, à savoir celle de la sensibilité non pas de contemplation pure mais comme activité humaine, s'exerçant à travers le travail et la praxis sociale. Mais cela présuppose en effet que la perception sensible soit déjà interprétée elle-même, par Marx, comme une activité – ce qui est problématique. Ainsi, le dualisme kantien entre sujet connaissant et l'objet connu (exclusivement sous sa « phénoménalité ») est donc brisé et dépassé par Marx d'une manière si radicale qu'au cours de cette définition marxienne d'une *philosophie matérialiste – dialectique – de la praxis*, toute la construction théorique de l'épistémologie idéaliste (kantienne, fichtéenne, hégélienne) s'écroule et se trouve pour ainsi dire « dynamitée », mise à l'abîme et remplacée par une philosophie de la praxis vraiment révolutionnaire.

Karl Marx : Les XI thèses sur Feuerbach (1845-1846)

I

Le principal défaut, jusqu'ici, du matérialisme de tous les philosophes – y compris celui de Feuerbach est que l'objet, la réalité, le monde sensible n'y sont saisis que sous la forme d'objet ou d'intuition, mais non en tant qu'activité humaine concrète, en tant que pratique, de façon non subjective. C'est ce qui explique pourquoi l'aspect actif fut développé par l'idéalisme, en opposition au matérialisme –, mais seulement abstraitement, car l'idéalisme ne connaît naturellement pas l'activité réelle, concrète, comme telle. Feuerbach veut des objets concrets, réellement distincts des objets de la pensée ; mais il ne considère pas l'activité humaine elle-même en tant qu'activité objective. C'est pourquoi dans *l'Essence du christianisme*, il ne considère comme authentiquement humaine que l'activité théorique, tandis que la pratique n'est saisie et fixée par lui que dans sa manifestation juive sordide. C'est pourquoi il ne comprend pas l'importance de l'activité « révolutionnaire », de l'activité « pratique-critique ».

II

La question de savoir s'il y a lieu de reconnaître à la pensée humaine une vérité objective n'est pas une question théorique, mais une question pratique. C'est dans la pratique qu'il faut que l'homme prouve la vérité, c'est-à-dire la réalité, et la puissance de sa pensée, dans ce monde et pour notre temps. La discussion sur la réalité ou l'irréalité d'une pensée qui s'isole de la pratique, est purement scolastique.

III

La doctrine matérialiste qui veut que les hommes soient des produits des circonstances et de l'éducation, que, par conséquent, des hommes transformés soient des produits d'autres circonstances et d'une éducation modifiée, oublie que ce sont précisément les hommes qui transforment les circonstances et que l'éducateur a lui-même besoin d'être éduqué. C'est pourquoi elle tend inévitablement à diviser la société en deux parties dont l'une est au-dessus de la société (par exemple chez Robert Owen).

La coïncidence du changement des circonstances et de l'activité humaine ou auto-changement ne peut être considérée et comprise rationnellement qu'en tant que pratique révolutionnaire.

IV

Feuerbach part du fait que la religion rend l'homme étranger à lui-même et dédouble le monde en un monde religieux, objet de représentation, et un monde temporel. Son travail consiste à résoudre le monde religieux en sa base temporelle. Il ne voit pas que, ce travail une fois accompli, le principal reste encore à faire. Le fait, notamment, que la base temporelle se détache d'elle-même, et se fixe dans les nuages, constituant ainsi un royaume autonome, ne peut s'expliquer précisément que par le déchirement et la contradiction internes de cette base temporelle. Il faut donc d'abord comprendre celle-ci dans sa contradiction pour la révolutionner ensuite pratiquement en supprimant la contradiction. Donc, une fois qu'on a découvert, par exemple, que la famille terrestre est le secret de la famille céleste, c'est la première désormais dont il faut faire la critique théorique et qu'il faut révolutionner dans la pratique.

V

Feuerbach, que ne satisfait pas la pensée abstraite, en appelle à l'intuition sensible ; mais il ne considère pas le monde sensible en tant qu'activité pratique concrète de l'homme.

VI

Feuerbach résout l'essence religieuse en l'essence humaine. Mais l'essence de l'homme n'est pas une abstraction inhérente à l'individu isolé. Dans sa réalité, elle est l'ensemble des rapports sociaux.

Feuerbach, qui n'entreprend pas la critique de cet être réel, est par conséquent obligé :

1. De faire abstraction du cours de l'histoire et de faire de l'esprit religieux une chose immuable, existant pour elle-même, en supposant l'existence d'un individu humain abstrait, isolé.

2. De considérer, par conséquent, l'être humain uniquement en tant que « genre », en tant qu'universalité interne, muette, liant d'une façon purement naturelle les nombreux individus.

VII

C'est pourquoi Feuerbach ne voit pas que l'« esprit religieux » est lui-même un produit social et que l'individu abstrait qu'il analyse appartient en réalité à une forme sociale déterminée.

VIII

Toute vie sociale est essentiellement pratique. Tous les mystères qui détournent la théorie vers le mysticisme trouvent leur solution rationnelle dans la pratique humaine et dans la compréhension de cette pratique.

IX

Le résultat le plus avancé auquel atteint le matérialisme intuitif, c'est-à-dire le matérialisme qui ne conçoit pas l'activité des sens comme activité pratique, est la façon de voir des individus isolés et de la société bourgeoise.

X

Le point de vue de l'ancien matérialisme est la société « bourgeoise ». Le point de vue du nouveau matérialisme, c'est la société humaine, ou l'humanité socialisée.

XI

Les philosophes n'ont fait qu'interpréter le monde de différentes manières, ce qui importe, c'est de le transformer.

Notice bibliographique

Les Œuvres complètes d'Ernst Bloch sont publiées en allemand en 16 volumes chez l'éditeur Suhrkamp, avec un volume supplémentaire (Tendenz-Latenz-Utopie), publié en 1978.

Œuvres d'Ernst Bloch disponibles en traduction française :

L'Esprit de l'Utopie (1923), trad. de l'allemand par A. M. Lang et C. Piron-Audard, Gallimard, Paris, 1977.

Le Principe Espérance, t. I-III, trad. de l'allemand par Françoise Wuilmart, Gallimard, Paris, 1976, 1982, 1991.

Sujet-Objet. Éclaircissements sur Hegel, trad. de l'allemand par Maurice de Gandillac, Gallimard, Paris, 1982.

Droit naturel et dignité humaine, trad. de l'allemand par Denis Authier et Jean Lacoste, Payot, Paris, 1976.

Experimentum Mundi. (Question, catégories de l'élaboration, praxis), trad. de l'allemand par Gérard Raulet, Payot, Paris, 1981.

Thomas Münzer, théologien de la révolution [1921], trad. de l'allemand par Maurice de Gandillac, UGE, Paris, 1968.

Traces [1930], trad. de l'allemand par E. Kaufholz, Gallimard, Paris, 1963.

Héritage de ce temps [1935], trad. de l'allemand par Jean Lacoste, Payot, Paris, 1979.

ENTRETIENS

Ernst Bloch, du rêve à l'utopie. Entretiens philosophiques. Textes choisis et préfacés par Arno Münster, Hermann, Paris, 2016.

Ernst Bloch, rêve diurne, station debout & utopie concrète. (Ernst Bloch en dialogue.) Entretiens avec José Marchand (1974), traduits, présentés et annotés par Arno Münster, Lignes, Fécamp, 2016.

OUVRAGES SUR ERNST BLOCH (en français)

(sous la direction de Gérard Raulet), *Utopie – marxisme selon Ernst Bloch*, Payot, Paris, 1975.

Arno Münster, *Figures de l'utopie dans la pensée d'Ernst Bloch*, Aubier, Paris, 1985, rééd., Hermann, Paris, 2009.

Arno Münster, *Ernst Bloch, Messianisme et Utopie*, PUF, coll. « Philosophie d'aujourd'hui », Paris, 1989.

Arno Münster, *L'utopie concrète d'Ernst Bloch. Une biographie*, Kimé, Paris, 2001 (ouvrage traduit en allemand et en italien).

Arno Münster, *Espérance, rêve, utopie dans la pensée d'Ernst Bloch*, L'Harmattan, coll. L'ouverture philosophique, Paris, 2015.

COLLOQUES

(Sous la direction de Michael Löwy, Arno Münster et Nicolas Tertulian), *Réification et Utopie. Ernst Bloch et György Lukács – un siècle après.* (Actes du colloque de l'Institut Goethe de Paris), Actes Sud, Arles, 1987.

Table des matières

Déjà parus

- **PHILOSOPHIE**

Stefano G. AZZARÀ
- *L'Humanité commune. Essai sur Domenico Losurdo*

Michel CLOUSCARD
- *La Production de l'« individu »*
- *Néo-fascisme et idéologie du désir*
- *Critique du libéralisme libertaire.*
- *Les Chemins de la praxis*

Maurice CORNFORTH
- *L'Idéologie anglaise. Wittgenstein et la « philosophie du langage »*
- *L'Idéologie anglaise. De l'empirisme au positivisme logique*
- *L'Idéologie anglaise. Positivisme et pragmatisme.*

Jacques D'HONDT
- *Hegel en son temps*
- *Hegel philosophe de l'histoire vivante*

Edith FUCHS
- *Écritures d' « Auschwitz »*

Georges GASTAUD
- *Marxisme et Universalisme. Classes, nations, humanité(s)*
- *Lumières communes. (4 volumes parus)*

Lucien GOLDMANN
- *Sciences humaines et philosophie*
- *Épistémologie et philosophie politique. Pour une théorie de la liberté*

Wolgang HARICH
- *Nietzsche et ses frères. Factum*

Georges LUKÁCS
- *Ontologie de l'être social. Le travail. La reproduction*
- *La Destruction de la raison : Schelling, Schopenhauer, Kierkegaard*
- *Prolégomènes à l'ontologie de l'être social*
- *La Destruction de la raison. Nietzsche*
- *Ontologie de l'être social. L'idéologie. L'aliénation*
- *La Destruction de la raison : de la « philosophie de la vie » à Heidegger et Hitler*

Domenico LOSURDO
- *Nietzsche. Philosophe réactionnaire*
- *Nietzsche. Le Rebelle aristocratique*
- *Critique de l'apolitisme. La leçon de Hegel d'hier à nos jours*
- *Autocensure et compromis dans la pensée politique de Kant*

José Carlos MARIÁTEGUI
- *Défense du marxisme*

Arno MÜNSTER
- *Sartre et la praxis*
- *Ernst Bloch et les XI thèses de Marx sur Feuerbach*

François de NEGRONI
- *Avec Clouscard*

Alexander NEUMANN
- *Après Habermas.*

Dominique PAGANI
- *Féminité et communauté chez Hegel.*

Georges POLITZER
- *Principes élémentaires de philosophie*

Jean SALEM
- *Sagesses pour un monde disloqué*

Beatriz SARLO
- *Sept essais sur Walter Benjamin*

Juan José SEBRELI
- *L'Oubli de la raison*
- *Le Vacillement des choses*

TRAN DUC THAO
- *De Husserl à Marx : Phénoménologie et matérialisme dialectique*
- *Recherches sur l'origine du langage et de la conscience*

Lilian TRUCHON
- *Lénine épistémologue*
- *Hobbes et la nature de l'Etat*

Yves VARGAS
- *Jean-Jacques Rousseau. L'avortement du capitalisme*

- HISTOIRE ET POLITIQUE

Henri ALLEG
- *Le Grand Bond en arrière*

Henri ALLEG, Boualem KHALFA, Abdelhamid Benzine
- *La Grande Aventure d'Alger républicain*

Samir AMIN
- *Le Centenaire de la révolution d'Octobre 1917*
- *Le Bicentenaire de la naissance de Karl Marx (1818-2018)*

Alessio ARENA
- *Où vont les Italiens ?*

Francis ARZALIER
- *Les Nations nécessaires et leurs pathologies nationalistes. De la Révolution française au FN*

Henri BARBUSSE
- *Paroles d'un combattant*

Danielle BLEITRACH et Marianne DUNLOP
- *URSS vingt ans après. Retour de l'Ukraine en guerre*
- *1917-2017. Staline tyran sanguinaire ou héros national ?*

Angelo del BOCA et collectif
- *Le Déni d'histoire : usage public de l'histoire et réhabilitation du fascisme en Italie*

Michel CLOUSCARD
- *Lettre ouverte aux communistes. Sur la contre-révolution libérale-libertaire*

Comité internationaliste pour la solidarité de classe (dir.)
- *Petite contribution au Livre noir de l'anticommunisme et de la contre-révolution*

Alvaro CUNHAL
- *Le Parti en toute transparence*

Bruno DRWESKI
- *La Nouvelle Russie est-elle de droite ou de gauche ?*

Grover FURR
- *Khrouchtchev a menti*
- *Le massacre de Katyn. Une réfutation de la version « officielle » ?*
- *Les Amalgames de Trotsky.*
- *Iejov contre Staline*

Georges GASTAUD
- *Le Nouveau Défi léniniste (entretiens)*

Jocelyne GEORGE
- *Les Féministes de la CGT. Histoire du magazine* Antoinette. *1955-1989*

Vladimiro GIACCHÉ
- *Le Second Anschluss. L'annexion de la RDA. L'unité de l'Allemagne et l'avenir de l'Europe*

Modesto Emilio GUERRERO
- *Chávez. L'homme qui défia l'histoire (biographie)*

Bruno GUIGUE
- *Chroniques de l'impérialisme*

Rémy HERRERA
- *Figures révolutionnaires de l'Amérique latine*

Diana JOHNSTONE
- *Hillary Clinton. La Reine du chaos*

Annie LACROIX-RIZ
- *L'Histoire contemporaine toujours sous influence*
- *Aux origines du carcan européen (1900-1960). La France sous influence allemande et américaine*

Déjà parus

Léon LANDINI
- *Réponse à Michel Onfray et autres textes sur la Résistance et l'engagement*

Stephen LENDMAN (dir.)
- *Ukraine. Le coup d'État fasciste orchestré par les États-Unis*

Guido LIGUORI
- *Qui a tué le Parti communiste italien ?*

Domenico LOSURDO
- *Fuir l'histoire ? La Révolution russe et la Révolution chinoise aujourd'hui*
- *Le Langage de l'Empire. Lexique de l'idéologie étasunienne*
- *La Non-Violence. Une histoire démystifiée*
- *La Lutte des classes. Une histoire politique et philosophique*

Jean MAGNIADAS, René MOURIAUX, André NARRITSENS
- *Anthologie du syndicalisme français*

Ivan MAÏSKI
- *Qui aidait Hitler ?*

Aymeric MONVILLE
- *Les jolis grands hommes de gauche.*
- *Le Néocapitalisme selon Michel Clouscard*

Michael PARENTI
- *Le Mythe des jumeaux totalitaires. Fascisme méthodique et renversement du communisme*
- *Tuer une Nation. L'assassinat de la Yougoslavie*
- *Le Visage de l'impérialisme*

Jacques PAUWELS
- *1914-1918. La Grande Guerre des classes (2e édition augmentée)*

Benoît QUENNEDEY
- *La Corée du Nord, cette inconnue.*

John REED
- *Dix Jours qui ébranlèrent le monde*

Geoffrey ROBERTS
- *Les Guerres de Staline*

Jean-Jacques ROUSSEAU
- *Projet de constitution pour la Corse*

Jean SALEM
- *Rideau de fer sur le Boul'Mich. Formatage et désinformation dans le « monde libre »*
- *Résistances. Entretiens*
- *La Démocratie de caserne.*

Anna Louise STRONG
- *L'Ère de Staline*

- **ÉCONOMIE**

Samir AMIN
- *L'Implosion du capitalisme contemporain*
- *La Loi de la valeur mondialisée (édition augmentée)*

Paul BOCCARA
- *Théories sur les crises, la suraccumulation et la dévalorisation du capital (en deux volumes)*
- *Neuf leçons sur l'anthroponomie systémique*

Rémy HERRERA
- *La Maladie dégénérative de l'économie : « le néoclassicisme »*

Domenico MORO
- *La Crise du capitalisme et Marx. Nouvel Abrégé du Capital rapporté au XXIe siècle*
- *Le Groupe Bilderberg. « L'élite » du pouvoir mondial*

- <u>SOCIÉTÉ</u>

Patrick BROGUIÈRE
- *France Culture. La Destruction programmée d'une université populaire*

Michel CLOUSCARD
- *Le Frivole et le Sérieux. Vers un nouveau progressisme*
- *Le Capitalisme de la séduction*

Collectif
- *La Destruction de la culture. Stratégies du décervelage en France (Depuis 1995)*

Dominique MAZUET
- *Correspondance avec la classe dirigeante sur la destruction du livre et de ses métiers*
- *Critique de la raison numérique*

François de NEGRONI
- *Le Savoir-vivre intellectuel*

- <u>DVD</u>

Friedrich ENGELS
- *La situation de la classe laborieuse en Angleterre. DVD*

Ossian GANI et Fabien TRÉMEAU
- *Tout est permis mais rien n'est possible. Un film documentaire sur la pensée de Michel Clouscard DVD*
- *Rousseau. Le commencement d'un monde DVD*
- *Diderot. L'esprit de l'encyclopédie DVD*

Fabien TRÉMEAU
- *Antonio Gramsci, penseur et révolutionnaire DVD*

- <u>SCIENCES</u>

Guillaume SUING
- *Evolution : la preuve par Marx. Dépasser la légende noire de Lyssenko*
- *L'Ecologie réelle. Une histoire soviétique et cubaine*

- <u>ESTHÉTIQUE</u>

Jean-Pierre JOUFFROY
- *Trajectoires de la peinture*

Alain (Georges) LEDUC
- *Art morbide ? Morbid Art.*

Anatole LOUNATCHARSKI
- *L'Esthétique soviétique contre Staline*

Luigi PESTALOZZA
- *Musique, rupture*

Juan José SEBRELI
- *La Trahison de l'avant-garde. L'art moderne contre la modernité*

Roger VAILLAND
- *Le Surréalisme contre la révolution*

- <u>BANDES-DESSINÉES</u>

- *La Révolution russe en BD*

Collectif Lin-Piaille-Haut
- *La Pensée dure du grand timonier mou*

Viktor YOUGOV
- *Penser printemps*

Déjà parus

- MONDE ANTIQUE

Mario BRETONE
- Histoire du droit romain
Luciano CANFORA
- Vie de Lucrèce
Michael PARENTI
- L'Assassinat de Jules César

- RÉCITS, MÉMOIRES

Bernard CHARLES
- La Résistance dans le Gaillacois
Francis JOURDAIN
- Sans remords ni rancune
Jeannette THOREZ-VERMEERSCH
- La Vie en rouge. Mémoires
Emile TORNER
- Résister c'est exister

Achevé d'imprimer par Corlet Numérique - 14110 Condé-sur-Noireau
N° d'Imprimeur : 146570 - Dépôt légal : mars 2018 - *Imprimé en France*